BLV Bestimmungsbuch
mit Schnellbestimm-System

Dr. Ulrich Hecker

Bäume und Sträucher

Sonderteil:
Früchte, Knospen, Rinden

CIP-Titelaufnahme der Deutschen Bibliothek

Hecker, Ulrich:
Bäume und Sträucher: Sonderteil: Früchte,
Knospen, Rinden / Ulrich Hecker. –
München; Wien; Zürich: BLV, 1989
  (BLV Bestimmungsbuch
  mit Schnellbestimm-System)
  ISBN 3-405-13737-3

Bildnachweis

Apel: 83, 182 ur, 183 ul, 183 ur
Blab: 28
Daudt: 33 o, 65 o, 145 ur, 161 ur, 163 ul,
  166 ur
Eisenbeiss: 35 or, 41 or, 41 u, 51 o, 79 u,
  85 ul, 91 or, 141, 144 or, 144 ur, 146 ol,
  147 or, 149 ol,154 ol,160 ol,167 or, 167 ur,
  168–177 (alle), 178 ol, 178 or, 178 ur,
  179 ol, 179 ur, 181 ol, 181 ul, 182 or,
  183 ol, 183 or, 184 ur, 185 ul, 186 ol
Eisenreich: 59 o, 75 u
Ewald: 37 o, 105 o, 144 ol, 144 ul, 164 ur,
  185 ur, 186 or
Handel: 45 ol, 51 u, 71 o, 77 o, 87 ol, 87 ul,
  87 ur, 95 o, 97 u, 107 ol, 107 ul, 109 o,
  117 o, 117 u, 121 u, 123 o, 123 u, 125 o,
  127 o, 127 u, 157 or, 162 or, 184 ol
Hecker: 35 ul, 37 ul, 55 o, 65 u, 93 u, 113 ol,
  113 ul, 115 or, 133 or, 145 ol, 146 or,
  146 ul, 148 or, 149 or, 152 ol, 152 Ml,
  152 ul, 155 ur, 156 ul, 160 ur, 161 Mr,
  163 o, 163 Ml, 178 ul, 179 or, 180 ol,
  181 ur, 185 or, 186 ul

BLV Verlagsgesellschaft mbH
München Wien Zürich

8000 München 40

© 1989 BLV Verlagsgesellschaft mbH,
München

Satz und Druck: Appl, Wemding
Bindung: Auer, Donauwörth

Printed in Germany · ISBN 3-405-13737-3

Kögel: 27
König: 35 ol, 43 u, 55 u, 97 o, 101 u, 113 ur,
  149 ur, 167 ul, 180 ur
Pforr: 31 o, 37 ur, 39 or, 41 ol, 47 u, 49 o,
  59 u, 61 o, 63 u, 67, 71 u, 79 ol, 81 u,
  85 o, 89 o, 91 ul, 99 ul, 99 ur, 111 u,
  115 ol, 115 u, 119 ul, 119 ur, 125 ul,
  125 ur, 133 ol, 143 or, 143 u, 145 or,
  146 ur, 148 ol, 148 ul, 148 ur, 149 ul,
  151 ur, 152 or, 152 Mr, 156 ol, 158 ol,
  158 ul, 159 ul, 162 ur, 163 Mr, 179 ul,
  181 or
Pott: 31 u, 43 o, 47 o, 63 ol, 69, 101 o,
  111 o, 143 ol, 147 ol, 153 ul, 155 ol,
  156 ur, 157 ur, 158 or, 158 ur, 160 ul
Reinhard: 53 u, 75 o, 81 o, 95 u, 99 or,
  103 o, 107 ur, 131 or, 137 u, 150 or,
  156 or, 159 ol, 161 ul, 164 or, 165 ol,
  166 or
Schacht: 26, 145 ul
Schölch: 121 or
Schrempp: 33 u, 45 or, 45 u, 53 o, 61 ul,
  73 u, 87 or, 105 u, 109 u, 121 ol, 139,
  150 ul, 150 ur, 151 o, 151 Mr, 151 ul,
  153 ur, 154 ur, 155 or, 157 ol, 157 ul,
  159 or, 159 ur, 162 ol, 162 Mr, 162 ul,
  163 ur, 165 ur, 167 ol, 180 or, 180 ul,
  182 ol, 182 ul, 184 or, 184 ul, 185 ol,
  186 ur
Seidl: 61 ur, 63 or, 107 or, 151 Ml, 154 or,
  154 ul, 155 ol, 162 Ml, 164 ol, 165 or,
  166 or
Synatzschke: 35 ur, 57 o, 77 u, 85 ur, 91 ol,
  103 u, 135 u, 147 ul, 147 ur, 152 ur,
  153 ol, 161 Ml
Willer: 39 ol, 129, 135 o, 153 or
Wolfstetter: 39 u, 57 u, 73 o, 79 or, 89 u,
  99 ol, 119 o, 131 ol
Wothe: 49 u, 91 ur, 93 o, 113 or, 131 u,
  133 u, 137 o, 150 ol, 160 or, 161 o, 164 ul,
  165 ul, 166 ul

Fotos auf dem Umschlag:
Pott (Roßkastanie, Vorderseite);
Daudt (Pfaffenhütchen, Rückseite oben);
Handel (Fichte, Rückseite unten)

Grafiken: Eberhard Göppert

Inhaltsübersicht

Vorwort

Bäume und Sträucher nehmen unter den heimischen Pflanzen artenzahlmäßig einen vergleichsweise kleinen Raum ein. Dennoch sind sie aufgrund ihrer Gestalt und Größe die dominierende Pflanzengruppe und häufig auch landschaftsprägend.

Anders als die krautigen Gewächse, die am Ende einer Vegetationsperiode zumindest oberirdisch absterben, sind sie, wenngleich zeitweise meist unbelaubt, das ganze Jahr über präsent. Dank ihrer Langlebigkeit haben wir zu ihnen nicht selten auch eine persönliche Beziehung.

Die geringe Artenzahl, das gilt insbesondere für die Nadelgehölze, bedeutet jedoch nicht, daß Gehölze besser bekannt sind als die Fülle der krautigen Pflanzen. Nicht alle Bäume und Sträucher haben auffällige Blüten und Früchte, die zum näheren Betrachten reizen oder unsere Neugier hervorrufen. Da viele Bäume oft erst nach Jahrzehnten zum ersten Mal blühen, haben sie dann schon eine stattliche Größe und wir können an ihnen Blüten und Früchte nicht ohne weiteres betrachten.

Zum Kennenlernen und Bestimmen von Pflanzen gibt es mehrere Möglichkeiten: Der Anfänger wird zunächst versucht sein, mittels Durchblättern eines bebilderten Buches auf »seine« Pflanze zu stoßen und den Namen zu finden. Der geübte oder vorgebildete Laie greift zu einer der klassischen Bestimmungs-Floren, die sich zwar in der Regel durch Vollständigkeit auszeichnen und mit Hilfe eines dichotomen Schlüssels sicher zum Namen führen, aber meist nur durch wenige, einfache Strichzeichnungen illustriert sind. Solche Floren bedienen sich zudem botanischer Fachausdrücke, die den Laien oft abschrecken.

Dieses Bestimmungsbuch schlägt einen Mittelweg ein: Es bedient sich besonderer Symbole (Piktogramme) wichtiger und augenfälliger Merkmale aus dem Blatt- und Blütenbereich, die sich schnell und leicht einprägen und den Bestimmungsvorgang an Hand der Farbbilder gezielt und sicher ermöglichen. Der Schwerpunkt bei der Artdiagnose liegt also auf den Blattmerkmalen in Verbindung mit der Blüten- bzw. Blütenstandsform. Gehölze die bereits vor der Blattentfaltung blühen, sind noch einmal gesondert zusammengefaßt.

Um auch während des Winters ein Ansprechen der häufigsten laubwerfenden Gehölze zu ermöglichen, sind in einem Sonderteil Knospen und Rinden abgebildet, die einen direkten Vergleich gestatten. Auch an Hand der Früchte, die nach Form und Farbe gegliedert dargestellt sind, lassen sich Gehölze meist eindeutig identifizieren.

Dieses Buch erhebt keinen Anspruch auf die Erfassung aller heimischen Bäume und Sträucher. Arten mit einem nur sehr kleinen Verbreitungsgebiet sind ebenso ausgelassen wie sehr seltene Arten. Manche Gattungen, wie Rosen und Weiden, sind so groß, daß die vollständige Erfassung den Rahmen dieses Buches sprengen würde. Nicht enthalten sind auch die Zwerg- und Kleinsträucher.

Ziel des Bestimmungsganges ist zunächst das Auffinden des Namens eines Baumes oder Strauches. Ein Pflanzenname bleibt jedoch um so besser im Gedächtnis haften, je mehr Einzel- und Besonderheiten wir mit ihm verknüpfen. Jeder aufgeführten Gehölzart ist daher eine ausführliche Beschreibung beigefügt, die Wissenswertes über die Gestalt, die Biologie und Ökologie enthält.

Wie findet man eine unbekannte Art in diesem Buch?

Erläuterung des Schnell-bestimm-Systems

Die Arten im Buch sind zu überschaubaren Gruppen zusammengefaßt, deren entscheidende Merkmale durch wenige Piktogramme symbolisiert werden. Um ein Gehölz möglichst schnell bestimmen zu können, sind zunächst 3 Grundentscheidungen nötig. Haben wir diese getroffen, so können wir leicht an Hand der Piktogrammkombinationen am Seitenrand des Bestimmungsteils (S. 30–143) die entsprechende Gruppe auffinden.

Das zutreffende Symbol ist auf der linken Randspalte jeweils groß dargestellt, die nicht zutreffenden erscheinen kleiner. Damit die 3 Hauptgruppen leichter beim Blättern aufgefunden werden können, wurde ihnen jeweils eine Kennfarbe zugeordnet. Diese Farbe hat keinen sachlichen Bezug, etwa zur Blütenfarbe der Art.

Leider wird nicht in jedem Fall die zu treffende Entscheidung schnell und eindeutig zu treffen sein. Dies liegt insbesondere daran, daß manche Merkmale einer gewissen Variabilität unterliegen. So erscheinen die Blätter der Gewöhnlichen Buche – insbesondere kurz nach dem Austrieb – oft ganzrandig, später im Jahr bzw. bei anderen Zweigen und Individuen sind sie jedoch schwach gezähnt. In der Gruppe »Blattrand gesägt« findet der Leser deshalb die Gewöhnliche Buche. Ähnliches gilt für den Wilden Birnbaum und wenige andere Arten mit unterschiedlich ausgeprägtem Blattrand. Schließlich sei angemerkt, daß auch die Feststellung »Einzelblüten unscheinbar« letztlich vom individuellen Empfinden beeinflußt wird.

Es wird deshalb in den wenigen Fällen, wo der Benutzer sich seiner Entscheidung nicht sicher ist, angeraten sein, auch die Arten der Parallel-Gruppe durchzusehen, bevor man die Artdiagnose trifft.

1. Entscheidung: Welche Grundform und Stellung haben die Blätter?

Mit der 1. Entscheidung können wir die Gehölze in 3 Hauptgruppen einteilen:

 Blätter nadelförmig;

 Blätter nicht nadelförmig, gegenständig;

 Blätter nicht nadelförmig, wechselständig.

Zunächst müssen wir feststellen, ob das Blatt nadelförmig ist oder nicht. Alle anderen Merkmale können erst einmal außer acht bleiben. Dies kann man ausnahmslos schnell und sicher erkennen, da es keine Grenzfälle gibt. Haben wir uns für »Blätter nadelförmig« entschieden, sind wir bereits bei einer Gruppe angelangt, wo keine weitere Entscheidung nötig ist und uns nur noch die Abbildungen zur endgültigen Bestimmung führen. Kommen wir zur Alternative »Blätter

nicht nadelförmig«, richten wir unser Augenmerk nun auf die Blattstellung, d. h. die Anordnung der Blätter am Zweig. Es gibt 2 Möglichkeiten.
»Blätter nicht nadelförmig, gegenständig«. Pro Knoten stehen sich 2 Blätter einander gegenüber.

Die Alternative heißt »Blätter nicht nadelförmig, wechselständig«. Pro Knoten ist nur ein Laubblatt vorhanden. Dabei spielt es keine Rolle, ob die Blätter schraubenförmig rings um die Sproßachse angeordnet sind oder in 2 Längszeilen ausgerichtet stehen.

2. Entscheidung: Wie ist die Blattspreite aufgebaut?

Auch die 2. Entscheidung läßt sich schnell treffen:

 Blattspreite ungeteilt, Blattrand ganzrandig;

 Blattspreite ungeteilt, Blattrand gesägt oder gebuchtet;

 Blattspreite fiederteilig.

Bei einem ungeteilten Blatt ist die Spreite in allen ihren Teilen zusammenhängend. Sind wir zu dieser Feststellung gekommen, können wir sodann nach der Gestaltung des Blattrandes weiter untergliedern. Die Merkmalskombinationen lauten: »Blätter ungeteilt und ganzrandig«.

Hier weist der Spreitenrand keinerlei Einschnitte auf.
»Blätter ungeteilt, gesägt oder gebuchtet«. Der Blattrand kann hier sehr unterschiedlich gegliedert sein. Der Spielraum reicht von kleinen Einschnitten (gesägt, gezähnt) bis zu mehr oder weniger großen Einbuchtungen. Entscheidend ist, daß diese Einschnitte nie bis zur Mittelrippe des Blattes reichen, wir also stets noch eine zusammenhängende Spreitenfläche erkennen können.
Die dritte Möglichkeit heißt »Blätter gefiedert«. Hier ist die Spreitenfläche in isolierte Fiedern (Blättchen) gegliedert, die deutlich gestielt sind. Es ist unerheblich, ob diese Fiedern von einem Punkt ausgehen oder einer Spindel ansitzen und ob die Fiedern ganzrandig oder gezähnt sind.

3. Entscheidung: Wie sehen die Blüten aus?

Durch die Beantwortung der beiden vorgenannten Fragen zu Merkmalen der Blätter lassen sich die Bäume und Sträucher bereits zu mehr oder weniger überschaubaren Gruppen zusammenfassen. Sind keine Blüten vorhanden, kann beim Durchblättern der entsprechenden Gruppe die richtige Art anhand von Foto und Text gefunden werden. Blüht der unbekannte Baum oder Strauch gerade, läßt sich anhand der Blütenmerkmale die Zahl

der in Frage kommenden Arten weiter einschränken. Dabei muß die unbekannte Art einer der 3 folgenden Gruppen zugeordnet werden:

 Einzelblüten auffällig, radiärsymmetrisch;

 Einzelblüten auffällig, monosymmetrisch;

Einzelblüten unscheinbar (in diese Gruppe gehören insbesondere alle Kätzchenblütler).

Bei den »auffälligen Blüten« ist die Einzelblüte auch in einem vielblütigen Blütenstand deutlich erkennbar. Solche Blüten lassen sich aufgrund ihrer Symmetrieverhältnisse in 2 Gruppen gliedern:
»Radiäre oder actinomorphe Blüten«. Durch eine solche Blüte lassen sich beliebig viele Symmetrieebenen legen. Zu dieser Gruppe werden aber auch die disymmetrischen Blüten gestellt, durch die sich genau 2 aufeinander senkrecht stehende Symmetrieebenen legen lassen.
»Monosymmetrische oder zygomorphe Blüten«. Sie lassen sich nur durch eine einzige Symmetrieebene in 2 spiegelbildlich gleiche Hälften zerlegen.
Unscheinbaren Blüten fehlt in der Regel eine augenfällige Blütenhülle. Sie treten uns meist in vielblütigen Ständen entgegen, ohne daß wir sofort eine Einzelblüte ausmachen können. Die Stände selbst – meist kleine Büschel oder Kätzchen – können aber durchaus ansehnlich sein.

Da viele kätzchentragende Gehölze vor der Laubentfaltung blühen, sind auf den Seiten 144–149 die Arten zusammengefaßt, die wir blühend in jedem Fall ohne Blätter (nur aufgrund der Blüten bzw. Blütenstände) bestimmen müssen. Bei diesen Arten sind die Blüten nicht im Bestimmungsteil (S. 30–143) abgebildet.
Arten, die mit oder nach dem Laubaustrieb blühen, werden in der entsprechenden Merkmalsgruppe als erstes behandelt. Möchten wir einen laubtragenden, blühenden Baum bzw. Strauch bestimmen, müssen wir also in der entsprechenden Gruppe (die wir nach Beantwortung der 3 Fragen gefunden haben) nur diejenigen Seiten durchblättern, auf denen Arten mit Blüten vorgestellt werden. Beispiel: Die umfangreichste Gruppe mit der Merkmalskombination »Laubblätter, wechselständig; Spreite ungeteilt, gezähnt oder gebuchtet; Blüten unscheinbar« umfaßt zwar die Seiten 98–128; es müssen in unserem Beispiel aber nur die Seiten 98–114 durchgeblättert werden, da alle danach aufgeführten Arten zur Blütezeit keine Blätter besitzen (nur die Silber-Weide steht auf Seite 118 bei den anderen Weiden-Arten).

Weitere Symbole bei den Artbeschreibungen

B Diese Gehölzart blüht bereits vor dem Laubaustrieb. Ihre Blüten sind im Sonderteil auf den Seiten 144–149 zu finden.

F Die Früchte dieser Gehölzart sind im Sonderteil auf den Seiten 150–167 abgebildet.

K Knospen dieser Gehölzart sind im Sonderteil auf den Seiten 168–177 abgebildet.

R Rinde bzw. Borke dieser Baumart sind im Sonderteil auf den Seiten 178–186 abgebildet.

S Von diesem Baum ist im Einführungsteil auf den Seiten 19–20 eine Silhouette abgebildet.

0 – 4 Diese Ziffer gibt den Gefährdungsgrad eines Gehölzes nach der »Roten Liste« an (s. auch S. 28–29).

G Die Gehölzart ist geschützt (s. auch S. 29).

♂ Männliche Blüten bzw. männlicher Blütenstand.

♀ Weibliche Blüten bzw. weiblicher Blütenstand.

Beispiele An Hand zweier Beispiele soll der Bestimmungsweg zu den Gehölzgruppen gezeigt werden. Hat man eine unbekannte Art durch Beantwortung der 3 Fragen (s. S. 7–9) einer der 14 Gruppen zugeordnet, kann die richtige Art beim Durchblättern weniger Seiten durch Vergleich mit den Abbildungen und Texthinweisen gefunden werden.

Rote Heckenkirşche
Lonicera xylosteum

Entschei-dungen	Symbolik	in Frage kommende Seiten
Blätter nicht nadelförmig, gegenständig		46–71
Blätter ungeteilt, ganzrandig		46–55
Blüten auffällig, monosymmetrisch		52–55

Walnußbaum
Juglans regia

Entschei-dungen	Symbolik	in Frage kommende Seiten
Blätter nicht nadelförmig, wechselständig		72–143
Blätter gefiedert		130–143
Blüten unscheinbar		142–143

Zur Benutzung der Sonderteile

Die Sonderteile sollen dem Leser ermöglichen, eine ihm unbekannte Art rasch aufzufinden, die ihm aufgrund ihrer Früchte, Knospen oder Rinde auffällt. Ebenfalls hier behandelt werden diejenigen Arten, die vor dem Laubaustrieb blühen. Zum besseren Auffinden der einzelnen Teile werden diese an den Seitenrändern mit einfachen Symbolen (Piktogrammen) und jeweils einer eigenen Kennfarbe gekennzeichnet. Unter jedem Foto findet sich der Artname mit dem Seitenverweis auf die Hauptbeschreibung im Bestimmungsteil.

Hier werden Blüten bzw. Blütenstände von denjenigen Arten abgebildet, die im Frühjahr vor dem Laubaustrieb blühen (so daß man bei der blühenden Pflanze nicht mit dem Bestimmungsschlüssel arbeiten kann). Beim Durchblättern dieser Seiten und durch Vergleich der Fotos mit den Blüten des unbekannten Baumes bzw. Strauches gelangt man rasch zum richtigen Artnamen.

Durch ihre Früchte können die meisten Bäume und Sträucher eindeutig bestimmt werden. Die Früchte sind in diesem Teil nach rein äußerlichen Merkmalen angeordnet: zunächst Zapfen, dann ungeflügelte, nicht fleischige Früchte (mit den Nüssen), gefolgt von den geflügelten, nicht fleischigen Früchten (Flügelnüsse) und schließlich die fleischigen Früchte, geordnet nach ihrer Farbe. Zusätzlich zu den Fotos in diesem Teil sollte zur Bestimmung aber stets die Textbeschreibung im vorderen Teil mit allen Merkmalen herangezogen werden.

Die Knospen sind für die verschiedenen Arten sehr charakteristisch und ermöglichen bei genauem Vergleich oft eine exakte Bestimmung. In diesem Teil werden zunächst Arten mit gegenständigen Knospen abgebildet, gefolgt von solchen mit wechselständigen. Bewehrte Zweige sind auf S. 171 zusammengefaßt, die Kätzchen auf S. 177. Der Abbildungsmaßstab in diesem Teil wurde so gewählt, daß die Knospen auf den Fotos etwa in ihrer natürlichen Größe erscheinen.

Die Rinden bzw. Borken sind entsprechend der systematischen Verwandtschaft der Arten angeordnet. Man beachte, daß je nach Lebensalter eines Baumes die Borke recht unterschiedlich ausgebildet sein kann (vgl. dazu die Textbeschreibungen zu den Arten im Bestimmungsteil).

Den Sonderteilen sind – ebenso wie den Hauptgruppen im Bestimmungsteil – jeweils bestimmte Kennfarben zugeordnet. Sie sollen das Auffinden erleichtern. Die Farbe hat jedoch keinen sachlichen Bezug etwa zur Blüten- oder Fruchtfarbe der betreffenden Art.

Gehölze und ihre Teile

Wie alle Blütenpflanzen weisen auch die Gehölze 3 Grundorgane auf: Sproßachse, Wurzel und Blatt. Diese Grundorgane, von denen uns vor allem die oberirdisch ausgebildeten Teile interessieren, erfahren oft eine beträchtliche Abwandlung, die zu der uns vertrauten Mannigfaltigkeit und Formenvielfalt der Pflanzen und speziell der Gehölze führt.

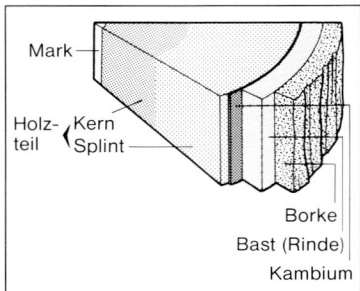

Stammsektor eines Baumes

Die Sproßachse

Die Sproßachse gliedert sich in Knoten (Nodien) und Zwischenknotenabschnitte (Internodien). Bei Sträuchern und Bäumen verholzt die Sproßachse. Dies geschieht durch Ablagerung von Lignin an den Zellwänden.
Der Holzkörper gliedert sich in das zentrale Mark, den Holzteil und die Rinde (vgl. Grafik). Die Zellen des Marks sterben meist bald ab. Sie sind

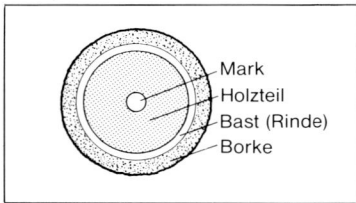

Stammquerschnitt

dann lufterfüllt und dadurch grau oder weiß gefärbt. Mitunter degeneriert das Mark. Es entstehen Hohlräume, die die gesamte Sproßachse durchziehen oder durch die massiven Knoten voneinander getrennt sind. Selten, so beim Walnußbaum, kommt es zur Bildung eines gekammerten Marks.
Durch später einsetzendes, sogenanntes sekundäres Dickenwachstum, nimmt der Holzkörper an Um-

fang zu. Im Laufe der Alterung kommt es meist zu einer Gliederung in einen zentralen Kern- und einen peripheren Splintteil. Der Wassertransport erfolgt nur in den Gefäßen des Splintteiles. Im Kern, der vor allem der Stabilisierung der Achse dient, sind die Zellen abgestorben und durch Einlagerungen von Stoffwechselprodukten oft dunkel gefärbt.
Die Assimilate werden in der Rinde (Bast) transportiert. Anfangs ist die Rinde nur durch eine dünne Epidermis begrenzt, der eine ungegliederte Schutzschicht, die Kutikula, aufliegen kann. Die Rinde ist bei Holzgewächsen, von wenigen Ausnahmen (Brombeere, Himbeere) abgesehen, mehr oder weniger dicht mit Korkwarzen (Lentizellen) besetzt. Sie enthalten Öffnungen, die dem Gasaustausch dienen. Mit zunehmendem Achsenumfang erfahren diese Korkwarzen eine Streckung und damit eine oft beträchtliche Vergrößerung.
Beim jährlich erfolgenden Dickenwachstum werden neue Zellen durch ein besonderes Bildungsgewebe mit teilungsfähigen Zellen, dem Kambium, erzeugt. Dieses Kambium gliedert nach innen Holzzellen (Xylem) und nach außen Bastzellen (Phloem) ab. Da die Holzzellen im Laufe ei-

ner Vegetationsperiode unterschiedlich groß sind – im Frühjahr großlumig (Frühholz), später kleiner werdend und mit dickeren Zellwänden versehen (Spätholz) – kommt es zu charakteristischen ringförmigen Strukturen des Holzkörpers, den Jahresringen. Sie ermöglichen die exakte Altersbestimmung bei Bäumen.

An dickeren Ästen und Stämmen bildet sich meist auch eine Borke: Das Kambium erzeugt nach außen im Wechsel neben Bast auch Korklagen. Das außerhalb der Korkschicht liegende Gewebe stirbt ab. Alljährlich entstehen so unterschiedlich mächtige Borkenschichten. Durch das Dickenwachstum und durch Austrocknung reißen diese Schichten schließlich auf. Je nach Struktur unterscheidet man eine Platten-, Schuppen-, Rippen- und Ringelborke.

Oft wird das gesamte vom Kambium nach außen abgeschiedene Gewebe als »Rinde« bezeichnet (also Bast plus Borke), botanisch korrekt sollte der Begriff Rinde allerdings dem noch lebenden Bastteil vorbehalten bleiben.

Das Blatt

Die Laubblätter dienen der Assimilation der Pflanze. Sie sind trotz unterschiedlicher Form und Größe nach einem einheitlichen Bauplan gestaltet. Ein typisches Laubblatt gliedert sich in ein Ober- und ein Unterblatt. Das

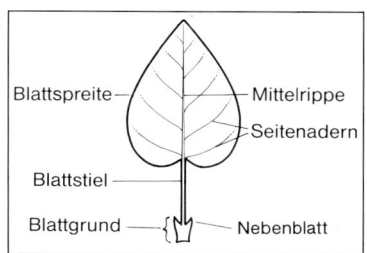

Bau eines Laubblattes

Oberblatt besteht aus der Spreite und dem Stiel. Der Blattstiel kann bisweilen stark reduziert sein oder ganz fehlen (sitzendes Blatt). Das Unterblatt besteht im Wesentlichen aus dem Blattgrund, mit dem das Blatt der Sproßachse ansitzt. Der Blattgrund kann erweitert sein und die Achse scheidenartig umgeben (Blattscheide). Häufig entspringen dem Blattgrund 2 zipfelartige Anhängsel, die Nebenblätter (Stipeln). Wenn ihnen ausschließlich eine Schutzfunktion zukommt (Knospenschutz), sind sie meist klein und hinfällig. Mitunter können sie spreitenartig vergrößert sein. Nebenblätter können mit dem Blattstiel (Rose) oder untereinander verwachsen sein und eine Nebenblattscheide (Stipularscheide) bilden, die die Sproßachse kragenartig umhüllt (Platane). Bisweilen sind sie zu Dornen umgebildet (Robinie).

Ober- und Unterseite der Blattspreite sind meist unterschiedlich gestaltet. Das betrifft auch die Behaarung, die unterseits meist intensiver ist. Hier befinden sich zudem oft feine Haarbüschel in den Winkeln zwischen Mit-

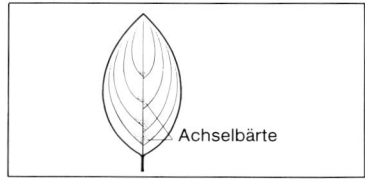

Achselbärte

telrippe und Seitenadern, die man als Achselbärte (Domatien) bezeichnet.

Die Spreite ist mit Leitbündeln durchzogen, die dem Wasser- und Stofftransport dienen und sowohl auf der Ober- als auch auf der Unterseite als sogenannte »Nerven« oder Adern hervortreten. Meist bilden sie ein charakteristisches Muster. Das größte, in der Symmetrieebene eines Blattes liegende Leitbündel wird als Mittelrippe oder Haupt»nerv« bezeichnet.

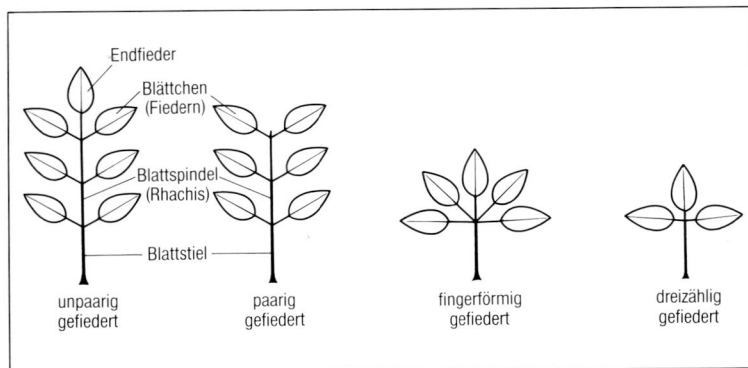

unpaarig gefiedert paarig gefiedert fingerförmig gefiedert dreizählig gefiedert

Fiederblätter

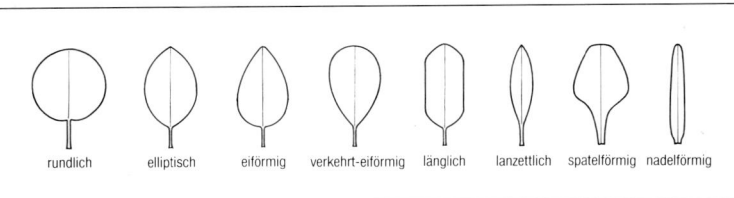

rundlich elliptisch eiförmig verkehrt-eiförmig länglich lanzettlich spatelförmig nadelförmig

Spreitenformen

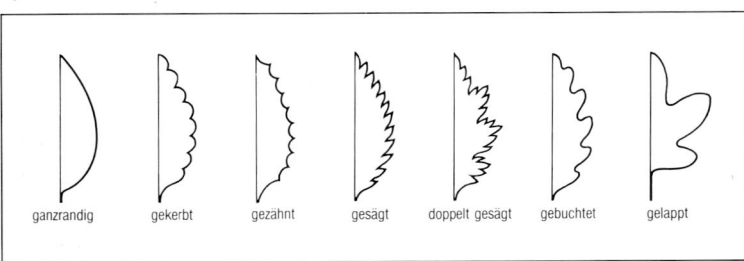

ganzrandig gekerbt gezähnt gesägt doppelt gesägt gebuchtet gelappt

Spreitenränder

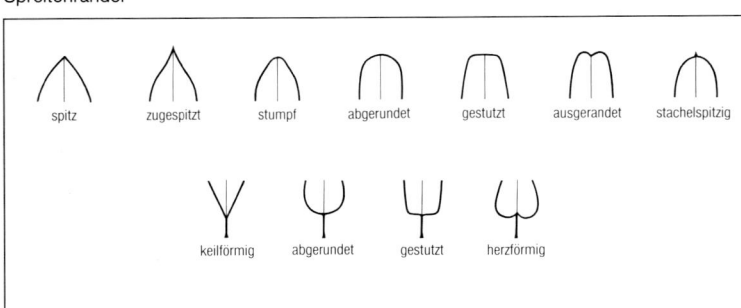

spitz zugespitzt stumpf abgerundet gestutzt ausgerandet stachelspitzig

keilförmig abgerundet gestutzt herzförmig

Spreitenende und Spreitengrund

Blätter und Blattränder sind unterschiedlich geformt. Die Spreite kann ungegliedert, mehr oder weniger tief eingeschnitten bzw. gebuchtet oder aber aus einzelnen Blättchen, den Fiedern, zusammengesetzt sein (die wichtigsten, auch in den Artbeschreibungen verwendeten Begriffe sind in den Grafiken dargestellt).

Laubblätter haben eine unterschiedlich lange Lebensdauer. Bei den sommergrünen oder laubwerfenden Gehölzen ist sie auf eine Vegetationsperiode beschränkt. Immergrüne Gehölze tragen auch im Winter funktionstüchtige Blätter. Ihre Lebensdauer kann, insbesondere bei Nadelgehölzen, einige bis viele Jahre betragen. Eine Zwischenstellung nehmen die sogenannten wintergrünen Gehölze ein: Ihre Blätter überwintern zwar, sterben jedoch in der Regel nach dem Laubaustrieb zu Beginn einer neuen Vegetationsperiode ab, so daß der Laubfall bei ihnen im Frühjahr erfolgt.

Der Blattaustrieb beginnt in der Regel mit Beginn der neuen Vegetationsperiode und ist bald darauf abgeschlossen. Bei Junggehölzen und Schößlingen von Bäumen und Sträuchern kann sich die Blattbildung bis zum Spätsommer oder Herbst erstrecken. Einige Laubgehölze, z. B. Eichen, haben im Juni einen zweiten Blattaustrieb an den sogenannten Johannistrieben. Auch Kahlfraß durch Insekten kann zu einem neuen, verspäteten Laubaustrieb führen (z. B. Eichen, Spindelstrauch).

Blätter sitzen der Sproßachse an den Knoten in einer bestimmten Ordnung an. Ist am Knoten nur jeweils 1 Blatt inseriert und sind die Blätter rings um die Sproßachse in mehreren Längszeilen angeordnet, so ist die Blattstellung schraubig (spiralig) oder wechselständig. Eine zweizeilige Beblätterung kommt zustande, wenn die Blätter zwar einzeln am Knoten aber in nur 2 Längszeilen im Abstand von 180° angeordnet sind. Gegenständigkeit liegt vor, wenn sich an einem Knoten 2 Blätter gegenüber stehen, wobei die Blätter aufeinanderfolgender Knoten um jeweils 90° versetzt sind (Kreuzgegenständigkeit). Von wirteliger . Blattstellung schließlich spricht man, wenn pro Knoten mindestens 3 Blätter ansitzen. Zu Scheinwirteln kann es kommen, wenn die Zwischenknotenabschnitte der Sproßachse abschnittsweise stark verkürzt sind und die Blätter dadurch dicht beieinander stehen.

Die Blattstellung ist für jede Pflanzenart festgelegt. Im Laufe der Sproßentwicklung kann sie sich jedoch (genetisch manifest) ändern.

Unter Beibehaltung der fixierten Blattstellung kommt es häufig zu einer anderen Ausrichtung der Blattspreiten. So sind die schraubig angeordneten Nadelblätter der Eibe und Tanne an horizontal stehenden Sprossen in einer Ebene in zwei Scheinzeilen ausgerichtet. Wir sprechen in einem solchen Falle von einer Scheitelung der Blätter.

Die Wurzel

Die aus einer schon im Embryo angelegten Keimwurzel hervorgehende Primärwurzel bildet im Laufe ihres Wachstums und durch Verzweigungen ein Wurzelsystem aus. Dieses versorgt die Pflanze mit Wasser und mineralischen Nährstoffen und verankert die Pflanze gleichzeitig im Erdreich.

Mitunter können auch an der Sproßachse Wurzeln entspringen, sogenannte sproßbürtige Wurzeln. Diese dienen der Ernährung der Pflanze, wenn sie in den Boden gelangen oder ermöglichen als Haftorgan die Befestigung der Sproßachse an einer Unterlage. Im letzteren Falle sind sie zwar kurzlebig, gewährleisten der Pflanze aber auch im abgestorbenen

Zustand über viele Jahre hinweg einen festen Halt (Efeu).

Bei manchen Pflanzen können an den Wurzeln auch Sproßknospen entstehen, die austreiben und über der Erdoberfläche neue Pflanzen bilden, wenn der Kontakt zur Mutterpflanze unterbrochen wird. Manche Gehölze können sich so vegetativ großflächig ausbreiten (Sanddorn, Pappeln). Die Wurzeln selbst tragen niemals Blätter.

Bewurzlungstiefe und Gehölzgröße müssen in keinem direkten Verhältnis zueinander stehen. Manche Bäume dringen mit einer Pfahlwurzel bis in mehrere Meter Tiefe vor (Wald-Kiefer, Eichen). Bei anderen Gehölzen wachsen die Wurzeln weitstreichend flach, ohne größere Tiefe zu erreichen (Fichte). Selbst über 80 m hohe Mammutbäume wurzeln meist nur 1 m tief und dringen kaum mehr als 3 m in das Erdreich ein.

Nicht selten kommt es bei Bäumen zu Wurzelverwachsungen zwischen verschiedenen Individuen einer Art. Bekannt sind solche unterirdischen Verbindungen vor allem von Fichten und Feld-Ulmen.

Mycorrhiza

Bei Laub- und Nadelbäumen leben die Wurzeln häufig in Symbiose mit Pilzen (Mycorrhiza). Bei einer solchen Symbiose können mehrere Pilzarten beteiligt sein. Mitunter ist es auch nur eine einzige Art, die zur Symbiose mit einer Gehölzart befähigt ist (Birkenpilz – Birke; Goldröhrling – Lärche). Andere Mycorrhiza-Pilze sind Täublinge, Milchlinge, Röhrlinge und Fliegenpilzverwandte.

Das Gehölz bezieht vom Pilz Wasser, Mineralsalze, Stickstoff- und Phosphorverbindungen. Der Pilz hingegen erhält vom Baum vor allem Kohlehydrate.

Man unterscheidet 2 Formen der Mycorrhiza: Umgeben die Pilzhyphen die Baumwurzeln nur als dichtes Geflecht und dringen lediglich in die Zellzwischenräume (Interzellularen) ein, so liegt eine Ectomycorrhiza vor. Eine Endomycorrhiza herrscht hingegen vor, wenn die Hyphen in die Rindenzellen der Wurzel eindringen.

Eine Schädigung der Pilzsymbionten kann für die Gehölze von erheblichem Nachteil sein. Viele umweltbedingte Waldschäden lassen sich auf eine Störung dieser Symbiose zurückführen.

Symbiosen ganz anderer Art begegnen uns bei den Schmetterlingsblütlern (Fabaceae). Hier ist der Symbiont ein Bakterium *(Rhizobium),* das an der Wurzel Anschwellungen (»Knöllchen«) hervorruft, in denen es lebt. Diese Bakterien vermögen Luftstickstoff zu binden. Erlen schließlich leben mit Strahlenpilzen (Actinomycetales) in Symbiose. Auch diese verursachen die Bildung von »Knöllchen« und führen der Pflanze Stickstoff zu.

Die Verzweigung

Die Sproßachse der Gehölze ist in der Regel verzweigt. Alle Verzweigungen gehen aus Knospen hervor. Knospen befinden sich an der Sproßspitze oder werden seitlich in den Achseln von Blättern angelegt. Man unterscheidet daher End- und Seiten- oder Achselknospen. Mitunter entstehen in den Blattachseln noch zusätzliche, kleinere Knospen (Brombeere). Es sind die Beiknospen.

Knospen sind in ihrem Inneren kompliziert gebaute Organe. Ihre Anlegung erfolgt schon sehr frühzeitig, selten erst im Spätsommer oder Herbst. Nicht alle Seitenknospen entfalten sich. Sie können aber über Jahre oder Jahrzehnte hinweg lebens- und entwicklungsfähig sein.

Bei zahlreichen Gehölzarten können Endknospen auch fehlen oder degenerieren. Die Verlängerung eines Sprosses erfolgt dann durch eine spitzennahe Seitenknospe (Weide).

Winterknospen sind meist von besonderen Blattorganen, den Knospenschuppen (Tegmenten) bekleidet, die die jungen Blattanlagen und den Sproßvegetationspunkt vor Verdunstung und mechanischer Beschädigung bewahren. Durch Sproßstauchung, d.h. noch nicht gestreckte Zwischenknotenabschnitte, liegen die Schuppen (und jungen Blattanlagen) eng beieinander und decken sich. Die Anzahl der Schuppen ist bei den Gehölzarten unterschiedlich: Weiden haben nur 1 Knospenschuppe, Buchen und Eichen viele.

Bei der Sproßentfaltung fallen die Knospenschuppen einzeln oder als Mütze verbunden ab (Tanne). Manchmal verbleiben sie auch ganz (Eibe) oder teilweise (Fichte) am Sproß und verwittern. Reste oder Narben von Knospenschuppen markieren deutlich die jeweiligen Jahresabschnitte eines Sprosses.

Bisweilen fehlen spezielle Knospenschuppen (nackte Knospen). Den Knospenschutz übernehmen dann junge, in der Entfaltung gehemmte Laubblätter, die sich aber mit Beginn der neuen Vegetationsperiode zu mehr oder weniger normalen Laubblättern entfalten (Wolliger Schneeball).

Da die Orientierung der Seitenknospen ursächlich von der Blattstellung abhängt, sind später auch die aus ihnen hervorgegangenen Sprosse entsprechend orientiert. Es entsteht so ein ganz bestimmtes Sproßgefüge.

Die neu entstehenden Sprosse können mehr oder weniger gleichgestaltet sein oder aber auch deutlich voneinander abweichen. Bei Streckung der Zwischenknotenabschnitte stehen die Blätter mehr oder weniger weit voneinander entfernt. Es bilden sich längere Sproßabschnitte, sogenannte Langtriebe. Durch ein gehemmtes Längenwachstum der Internodien können jedoch auch Seitensprosse entstehen, deren Blätter ro-

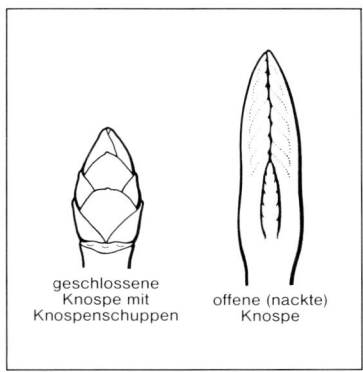

geschlossene Knospe mit Knospenschuppen

offene (nackte) Knospe

Knospentypen

settenartig dicht angeordnet sind. Man bezeichnet solche Sprosse als Kurztriebe. Sie bilden entweder nur ein einziges Mal (Kiefer) oder über Jahre hinweg (Lärche) neue Blätter. Selbst mehrjährige Kurztriebe erreichen oft nur wenige Millimeter Länge. Gelegentlich wachsen Kurztriebe zu Langtrieben aus. Bei vielen Gehölzen entstehen Blüten ausschließlich an Kurztrieben (Kirsche). Gehölze mit obligatorischem Lang-Kurztrieb-Dimorphismus erlangen ein recht charakteristisches Aussehen (Lärche, Ginkgobaum).

Sprosse sind mitunter stark abgewandelt. Stellt ein junger Sproß sein

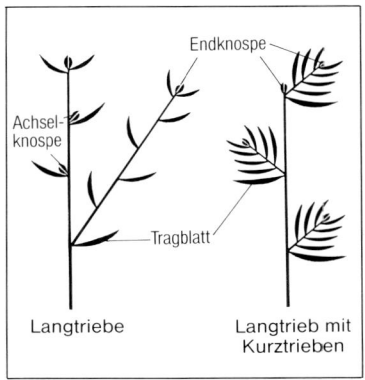

Endknospe

Achselknospe

Tragblatt

Langtriebe

Langtrieb mit Kurztrieben

Verzweigungsformen

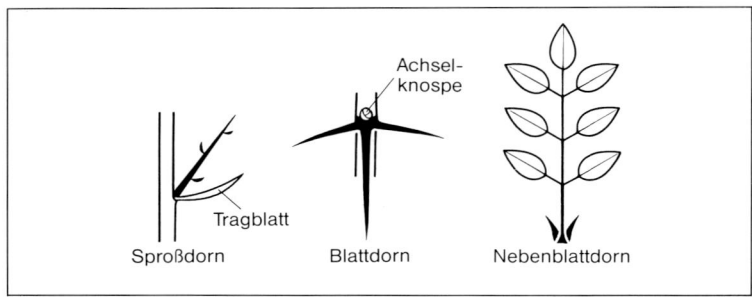

Dornen

Dickenwachstum unter starker Verholzung allmählich ein und stirbt am Ende ab, bildet sich ein Dorn. Dornen können sowohl an Haupt- als auch an den Seitentrieben entstehen. Es gibt einfache und verzweigte Dornen. Eine Verdornung kann sich auch auf die Blätter erstrecken, bei denen dann die Spreite stark reduziert ist (Berberitze). Bei anderen Gehölzen verdornen nur Blatteile, so bei der Robinie die Nebenblätter (vgl. Grafik).

Mitunter treten an Sprossen dornartige Auswüchse auf. Sie gehen aus Rindengewebe hervor und werden als Stacheln bezeichnet (Rose).

Seitensprosse können auch der vegetativen Verbreitung dienen. Bei der Brombeere legen sich die bogenartig wachsenden Sprosse mit der Spitze dem Erdboden auf und bewurzeln. Durch spätere Sproßisolierung entstehen selbständige Pflanzen.

Seitensprosse sind auch die Ausläufer. Sie entstehen bei Gehölzen unterirdisch und sind meist waagerecht orientiert. An ihrem Ende entwickeln sich aufrechte, oberirdische Sprosse.

Die Wuchsform

Gehölze treten uns in 2 Grundformen entgegen: als Baum und Strauch. Bäume sind meist einstämmige Gehölze, die sich erst in einiger Entfer-

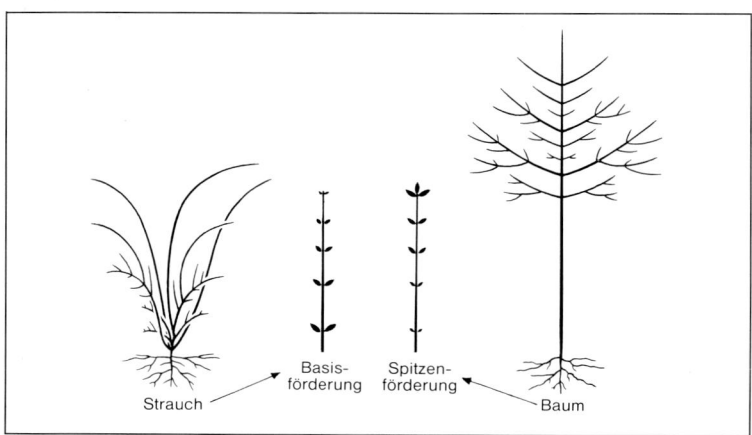

Knospenförderung und Wuchsformen der Gehölze

nung vom Boden verzweigen und eine Krone bilden. Sie sind in der Regel größer als 5 m.

Das Verhältnis von Stamm zu Krone und die Kronenform sind standortabhängig. Im Freistand sind Bäume tiefer beastet als im Bestand. Sie verfügen über eine größere und wohlausgebildete Krone. Stehen 2 Bäume der gleichen Art sehr dicht beieinander, so bilden sie von der Form her eine gemeinsame Krone, die der eines Einzelbaumes gleicht. Im Wald hingegen verfügen Bäume meist nur über eine kleinere und kürzere Krone, die mit denen umstehender Bäume das Kronendach des Waldes ergibt. Gleichaltrige Bäume einer Art bilden ein sehr einheitliches Kronendach, wie wir das von unseren Forsten her kennen. Da die unteren Zweige infolge Lichtmangels bald absterben, bilden sich mehr oder weniger lange Stammschäfte.

Obwohl die meisten Gehölze eine für ihre Art charakteristische Kronenform aufweisen und sich hinsichtlich der Verzweigungsart sehr ähnln, ist eine Identifizierung im laublosen Zustand nicht immer ganz einfach. Anders als die meisten krautigen Pflanzen hat jeder Baum eine stark individuell geprägte Form. Die auf den Seiten 19 und 20 abgebildeten Baumsilhouetten sind daher nicht absolut zu sehen, sondern sollen charakteristische Formen und Unterschiede veranschaulichen.

Die vom Stamm abgehenden, ersten großen Verzweigungen bezeichnen wir als Äste. Sie wiederum verzweigen sich, je nach Gehölzart, wiederum sehr stark (Linde, Ulme) oder nur mäßig (Esche). Demzufolge sind die Endverzweigungen sehr dünn oder dick.

Zu einer Stamm- und Kronenbildung kommt es, weil die Knospen bei baumförmigen Gehölzen im Spitzenbereich stärker gefördert und damit größer sind als an der Basis. Dieses

Typische Silhouetten von Nadelbäumen

Verhalten läßt sich auch an allen Jahrestrieben feststellen (vgl. Grafik).

Heimische Bäume werden meist bis zu 40 m hoch. Fichten und Tannen können auch 50 m erreichen. In Nordamerika wachsen mehrere Baumarten, die über 50 m hoch werden können (Douglasien, Lebensbäume). Die Gebirgsmammutbäume *(Sequoiadendron)* erreichen Höhen von über 80 m (s. Foto S. 27). Vom Küstenmammutbaum *(Sequoia)* sind über 100 m hohe Exemplare bekannt!

Bei den Sträuchern liegen andere Verhältnisse vor. Hier erfahren die untersten Knospen eines Sprosses besondere Förderung, die Größe nimmt nach oben meist kontinuierlich ab. Findet die Verzweigung eines Baumes bis ins hohe Alter meist nur im Kronenbereich statt, erreichen die Zweige der meisten Sträucher nur ein begrenztes Alter. Meist jährlich entspringen am oder im Boden neue Rutensprosse, die in einem Jahr mehrere Meter Länge erreichen können und sich erst im 2. Jahr verzweigen, während ältere Zweige gleichzeitig bis zum Boden absterben. Altersbestimmungen bei Sträuchern sind daher, anders als bei Bäumen, an Hand von Jahresringauszählungen nicht möglich. Das Lebensalter eines Strauches

Sommer-Linde

Hänge-Birke

Stiel-Eiche

Trauben-Eiche

Platane

Roßkastanie

Holz-Apfelbaum

Wilder Birnbaum

Typische Silhouetten von Laubbäumen

kann beträchtlich höher sein als das seiner ältesten, noch lebenden Zweige.

Sträucher lassen sich nach Größe und Wuchsform näher klassifizieren. Erreichen sie nur eine maximale Höhe von 0,5 m, bezeichnet man sie als Zwergsträucher. Bisweilen sind bei ihnen die Zweige dem Erdboden oder Gestein angeschmiegt. Man nennt sie dann Spaliersträucher. Kleinsträucher werden bis 2 m groß, Großsträucher kaum mehr als 5 m.

Ist die Sproßachse bei Sträuchern zwar verholzt, aber dennoch nicht befähigt aufrecht zu stehen, so sprechen wir von Klettersträuchern oder Lianen. Sie bedürfen stets einer Stütze in Form eines Baumes, Großstrauches oder Felsens. Viele Lianen haben besondere Kletterorgane in Gestalt von Ranken (Waldrebe) und Wurzeln (Efeu) ausgebildet oder sie vermögen durch Winden der Sproßachse emporzuwachsen und sich dauerhaft zu befestigen (Wald-Geißblatt).

Blüte und Blütenstand

Bei aller Vielgestaltigkeit lassen sich die Blüten der Laubgehölze auf eine allgemeine Grundform zurückführen: Sie bestehen normalerweise aus der Blütenhülle, den Staub- und den Fruchtblättern.

Die Blütenhülle kann aus gleichartigen Elementen (Tepalen) bestehen, die dann in ihrer Gesamtheit ein Peri-

gon bilden. Meist ist die Blütenhülle jedoch in einen Kelch und eine Krone gegliedert. Während der Kelch meist unscheinbar ist, sind die Kronblätter ansehnlich gefärbt. Seltener ist die Blütenhülle einfach (Seidelbast). Solche auffälligen Blüten sollen bestäubende Insekten anlocken.

Die Kelch- und Kronblätter können jeweils untereinander mehr oder weniger stark verwachsen sein. Im Kronbereich entstehen so unterschiedlich große Kronröhren, an deren Säumen die Kronzipfel ansitzen.

Bei windblütigen Pflanzen ist die Blütenhülle oft unscheinbar oder fehlt auch ganz (nackte Blüten).

Die Staubblätter (Stamina) gliedern sich in einen Staubfaden und die Staubbeutel mit den Pollensäcken. Ihre Anzahl und Anordnung in der Blüte ist artspezifisch. Neben funktionstüchtigen, also pollenproduzierenden Staubblättern, kommen bisweilen auch unfruchtbare Staubblätter (Staminodien) vor. Sie können mitunter eine kronblattartige Gestalt annehmen.

Die Fruchtblätter (Karpelle), in Ein- oder Mehrzahl vorhanden, stehen im Zentrum der Blüte. Sie können der Blütenachse einzeln und frei ansitzen oder aber untereinander zu einem Stempel (Pistill) verwachsen sein. Der basale Teil freier oder miteinander verwachsener Fruchtblätter wird als Fruchtknoten (Ovar) bezeichnet. In ihm reifen die Samenanlagen (in Ein- oder Mehrzahl) heran. Nach oben hin verjüngt sich der Fruchtknoten in ei-

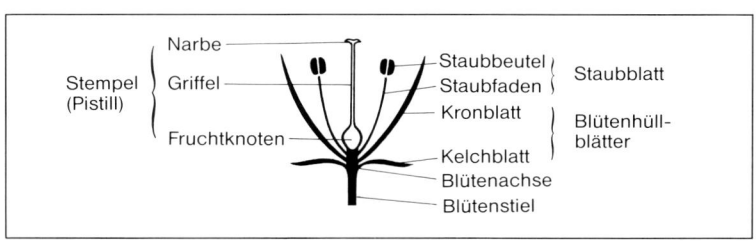

Blütenbau

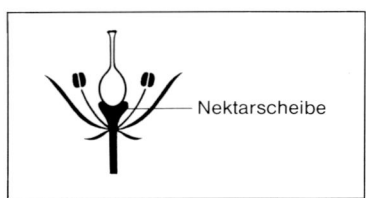

Blüte mit Nektarscheibe (Diskus)

nen mehr oder weniger langen Griffel. Ihm sitzt eine Narbe auf, die den Pollen aufnimmt.

Blüten bilden häufig Nektar. Dieser wird in besonderen Nektardrüsen gebildet, die zu Nektarien vereint sind. Solche Nektarien können sehr klein sein oder als auffälliger Wulst eine Nektarscheibe (Diskus) bilden, die den Fruchtknoten umgibt. Funktionstüchtige Nektarien kommen auch außerhalb der Blüte vor (extraflorale Nektarien). Bei Kirschen beispielsweise finden wir sie am Spreitengrund oder am Blattstiel.

Blüten lassen sich nach ihren Symmetrieverhältnissen klassifizieren: Eine strahlige oder radiäre (actinomorphe) Blüte liegt vor, wenn man durch sie mehrere Symmetrieebenen legen kann. Sind nur 2 Symmetrieebenen möglich, handelt es sich um eine zweiseitig-symmetrische oder bilaterale (disymmetrische) Blüte. Lassen sich Blüten nur durch eine Symmetrieebene in spiegelbildlich gleiche Hälften zerlegen, bezeichnet man sie als monosymmetrisch oder zygomorph.

Auch hinsichtlich der Geschlechts-

verhältnisse ergeben sich Unterschiede: Hat eine Blüte sowohl funktionstüchtige Staub- als auch Fruchtblätter, nennt man sie zwittrig. Enthält sie dagegen nur Staub- oder Fruchtblätter, ist sie eingeschlechtig, entweder männlich (staminat) oder weiblich (karpellat).

Nicht selten treten besonders ansehnliche Blüten auf, die weder funktionstüchtige Staub- noch Fruchtblätter aufweisen (sterile Blüten). Sie dienen der Anlockung von Insekten, haben also eine Schaufunktion und kommen natürlicherweise nur in Verbindung mit funktionstüchtigen, aber kleinen oder unscheinbaren Blüten vor (Gewöhnlicher Schneeball).

Pflanzen, die, wie Birken und Eichen, männliche und weibliche Blüten tragen, heißen einhäusig (monözisch). Hat ein Gehölz nur Blüten eines Geschlechts, so sind die Blüten, wie bei Weiden und Pappeln, zweihäusig verteilt (diözisch). Treten neben zwittrigen auch eingeschlechtige Blüten an einem Gehölz auf (Esche), liegt Vielehigkeit (Polygamie) vor.

Wichtig ist die Stellung des Fruchtknotens in einer Blüte (vgl. Grafik unten). Entspringen die Blütenhüll- und die Staubblätter unterhalb des Fruchtknotens, so ist dieser oberständig. Wenn der Fruchtknoten von einer verlängerten Blütenachse umhüllt wird, der oben die Blütenhüll- und Staubblätter aufsitzen, ist er unterständig. Mittelständigkeit liegt vor, wenn der Fruchtknoten frei in einem

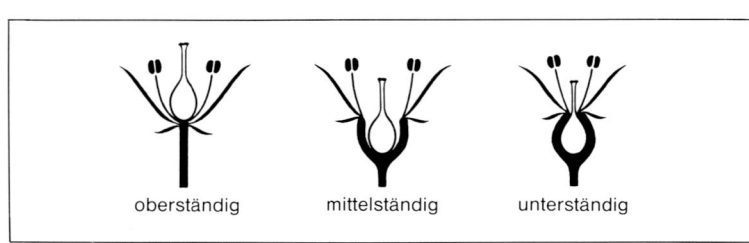

oberständig   mittelständig   unterständig

Stellung des Fruchtknotens

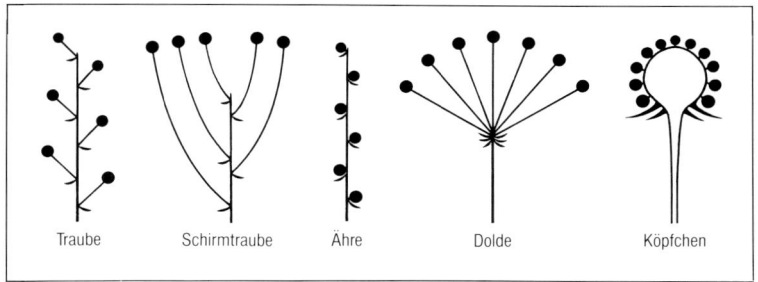

| Traube | Schirmtraube | Ähre | Dolde | Köpfchen |

Einfache Blütenstände

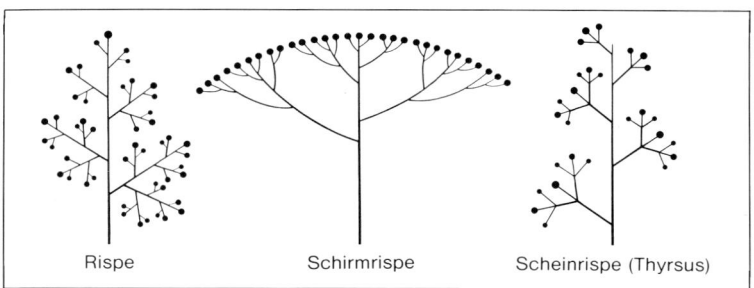

| Rispe | Schirmrispe | Scheinrispe (Thyrsus) |

Zusammengesetzte Blütenstände

offenen Blütenbecher steht (z. B. Kirsche).

Abgesehen von Einzelblüten sind die Blüten in besonderen Ständen angeordnet, die bei den jeweiligen Pflanzenfamilien ein charakteristisches Aussehen haben. Die Mannigfaltigkeit solcher Blütenstände ist groß, ihr Bau oft recht kompliziert. Generell können wir einfache und zusammengesetzte Blütenstände unterscheiden. Bei den einfachen Blütenständen sitzen die Blüten der Blütenstandsachse unmittelbar an (Traube, Ähre, Dolde, Köpfchen). Ein komplexer Blütenstand hingegen ist aus Teilblütenständen zusammengesetzt. Die wichtigsten Blütenstandstypen sind in der Grafik dargestellt.

Die Blüten der Nadelgehölze sind meist unscheinbar. Ihnen fehlt eine auffällige Blütenhülle. Die Blüten sind stets eingeschlechtig. Die Pollenübertragung erfolgt durch den Wind. Pollen wird in großen Mengen gebildet und kann oft sehr lange in der

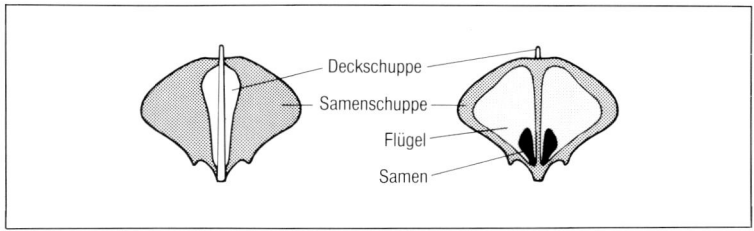

Deckschuppe
Samenschuppe
Flügel
Samen

Deck- und Samenschuppe bei der Weiß-Tanne

Luft schweben. Das gute Schwebevermögen wird bei manchen Nadelgehölzen (Kiefer) durch besondere Luftsäcke ermöglicht.

Die männlichen Blüten haben viele Staubblätter und sind entweder kugelförmig (Eibe) oder kätzchenartig (Kiefer, Tanne). Die weiblichen Blüten sind – mit Ausnahme der Eibe, wo sie einzeln in den Blattachseln stehen – in zapfenartigen Ständen gruppiert. Die Blüten entspringen der Achsel eines Tragblattes, das später heranwächst und verholzt (Deckschuppe). Jede Blüte besteht aus nur einem Fruchtblatt (mit »nackten« Samenanlagen), das zur Blütezeit (Anthese) weich und zart ist, später heranwächst und verholzt (Samenschuppe). Deck- und Samenschuppen können mehr oder weniger miteinander verbunden oder zu Komplexschuppen verwachsen sein (vgl. Grafik S. 23). Bei Fichte, Lärche, Kiefer und Tanne trägt 1 Samenschuppe 2 Samenanlagen, beim Wacholder nur 1. Der Zeitraum zwischen Bestäubung und Befruchtung beträgt bei der Fichte und Tanne nur wenige Wochen, bei der Kiefer jedoch 1 Jahr.

Die Frucht

Als Frucht bezeichnet man eine Blüte im Zustand der Samenreife. An ihrem Aufbau können neben den Fruchtblättern auch die Blütenachse oder Teile von ihr sowie der Kelch beteiligt sein.

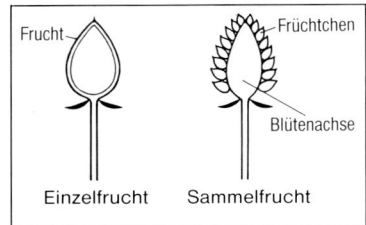

Frucht — Früchtchen

Blütenachse

Einzelfrucht   Sammelfrucht

Fruchttypen

Eine Einzelfrucht geht aus nur einem Fruchtknoten hervor. Dieser Fruchtknoten kann jedoch aus mehreren Fruchtblättern entstanden sein. Sind die Fruchtblätter in Mehrzahl vorhanden und nicht miteinander verwachsen, so liegt eine Sammelfrucht vor. Sie besteht aus einzelnen Früchtchen.

Mindestens bis zur Reife sind die Samen von einer Fruchtwand umgeben. Der von der Fruchtwand umgebene Raum kann ein einheitlicher Hohlraum oder durch Scheidewände in mehrere Fruchtfächer aufgeteilt sein.

Bleiben die Früchte über die Samenreife hinaus geschlossen, so handelt es sich um **Schließfrüchte.** Je nach Bau und Struktur der Fruchtwand unterscheidet man verschiedene Formen: Bei einer Nuß ist die gesamte Fruchtwand verholzt. Mitunter sind Nüsse auch geflügelt (Birke, Esche). Verholzt nur der innere Fruchtwandteil (»Kern«) und nimmt der äußere eine fleischig-lederige (Walnuß) oder saftig-fleischige Beschaffenheit an (Kirsche), handelt es sich um eine Steinfrucht. Eine Beere entsteht, wenn die Fruchtwand einheitlich fleischig wird. Beeren und Steinfrüchte können sich mitunter täuschend ähnlich sein. Bei einer Apfelfrucht geht der fleischige Fruchtteil aus dem Gewebe der Blütenachse hervor, in das die Fruchtblätter eingebettet sind.

Spaltfrüchte zerfallen zur Reife zwar in einzelne Fruchtteile, doch bleiben die Samen von der verfestigten Fruchtwand umschlossen (Ahorn).

Auch bei **Sammelfrüchten** können die Früchtchen nußartig, steinfruchtartig oder beerenartig ausgebildet sein.

Bei **Streu- oder Springfrüchten** werden die Samen zur Reife durch Öffnung der Fruchtwand entlassen. Je nach Öffnungsweise kann man Balgfrüchte, Hülsen, Schoten und Kapseln unterscheiden. Hülsen öffnen sich oft explosionsartig und kön-

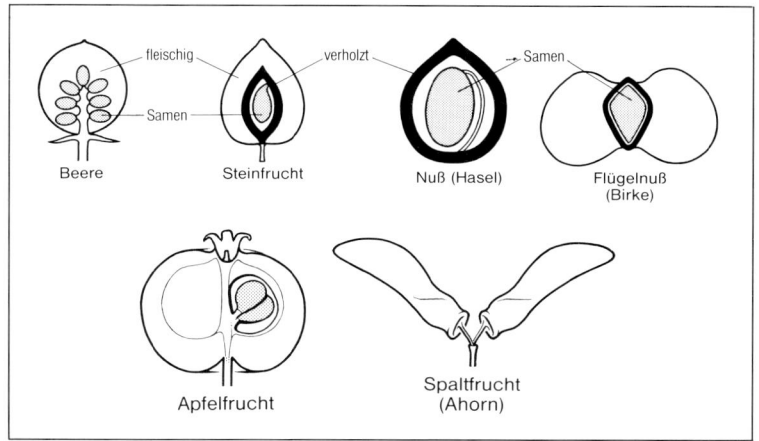

fleischig — verholzt — Samen

Samen

Beere   Steinfrucht   Nuß (Hasel)   Flügelnuß (Birke)

Apfelfrucht   Spaltfrucht (Ahorn)

Schließfrüchte

nen dabei die Samen wegschleu-
dern.

Mitunter bleiben die Früchte weit
über die Samenreife hinaus am Baum,
bisweilen bis in den Winter oder das
Frühjahr. Man bezeichnet sie dann als
Wintersteher.

Auch bei den nacktsamigen Nadelgehölzen entwickeln sich die Samen nur
selten frei und ungeschützt. Die Zapfenschuppen liegen fest aufeinander
und bilden so eine der Fruchtwand
vergleichbare Hülle. Erst zur Samenreife, wenn die Zapfen austrocknen,
spreizen die Zapfenschuppen und
entlassen die Samen (Kiefer, Fichte)
oder die Zapfen zerfallen (Tanne).
Beim Wacholder werden die Zapfenschuppen zur Reife fleischig, es entsteht ein beerenartiges Gebilde, der
Beerenzapfen.

Bei der Eibe jedoch wachsen die Samen nackt und ungeschützt heran.
Lediglich zur Reife sind sie von einem
saftig-fleischigen Samenmantel (Arillus) umgeben. Samenmäntel werden
auch bei Bedecktsamern gebildet
(Pfaffenhütchen).

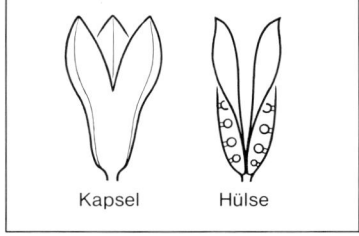

Kapsel   Hülse

Springfrüchte

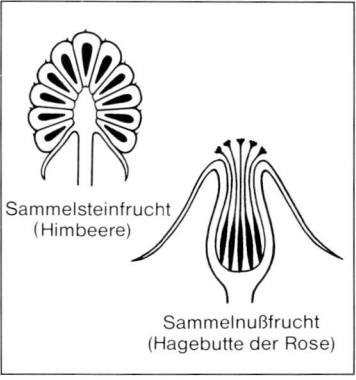

Sammelsteinfrucht (Himbeere)

Sammelnußfrucht (Hagebutte der Rose)

Sammelfrüchte

Alter und Lebensraum der Gehölze

Lebensdauer

Gehölze können ein sehr unterschiedlich hohes Alter erreichen. Die raschwüchsigen Pioniergehölze sind meist kurzlebiger als langsam wachsende Baumarten. Da das Lebensalter eines Gehölzes von sehr vielen Faktoren abhängt, sind Verallgemeinerungen kaum möglich. Dennoch lassen sich Annäherungswerte machen.

Grau-Erlen werden etwa 50 Jahre, Ebereschen 80–100, Zitter-Pappeln, Hänge-Birken und Vogel-Kirschen etwa 100, der Spitz-Ahorn 150, Rot-Buchen und Fichten 200–300, der Berg-Ahorn 500, Wald-Kiefern und Tannen 500–600, Linden und Eichen 500–800, Arven 700–1000, Zedern 900, Eiben bis 1000 Jahre alt. In Mitteleuropa sollten Altersangaben die über 1000 Jahre hinausgehen, mit Zurückhaltung betrachtet werden.

Im westlichen Nordamerika gibt es jedoch Nadelgehölze, die mit Sicherheit ein beträchtlich höheres Alter erreichen. Bei Mammutbäumen sind 2500, ganz selten sogar 3200 Jahre durch Jahresringauszählungen belegt. Die Grannen-Kiefer (*Pinus longaeva* Bailey) wird mitunter über 4000 Jahre alt. Bei einem noch lebenden Exemplar hat man ein Alter von 4600 Jahren nachgewiesen. Es dürfte das älteste Lebewesen auf unserer Erde überhaupt sein.

Pflanzenareale

Das Wohngebiet einer Pflanzenart bzw. einer Pflanzensippe nennt man Areal. Areale können groß oder klein, in sich geschlossen oder mehr oder weniger stark gegliedert bzw. zerstückelt sein.

Pflanzenarten, bei denen sich das Areal auf einen geographisch mehr oder weniger eng begrenzten Raum beschränkt, bezeichnet man als Endemiten oder endemisch. Kosmopoliten hingegen sind Pflanzenarten mit weltweiter Verbreitung.

Höhenstufen

Das Vorkommen eines Gehölzes ist meist auf bestimmte Höhenstufen beschränkt. Die wichtigsten dieser Höhenstufen in Mitteleuropa sind:

Planare Stufe Sie umfaßt die Tieflagen.

Kolline Stufe Die kolline oder Hügellandstufe grenzt nach unten an die Tieflagen und reicht bis etwa 500 m Höhe.

Baumveteranen der Grannen-Kiefer in den White Mountains/Kalifornien.

Montane Stufe Die montane oder Bergwaldstufe umfaßt die Höhenlagen von 500–1200 m. Hier finden wir vor allem die Laub-, Misch- und Nadelwälder bzw. Forste unserer Mittelgebirge.

Subalpine Stufe Sie gliedert sich in 2 Höhenstufen:

Die subalpine Nadelwaldstufe von 1200–1800 m, d. h. von der montanen Stufe bis zur Waldgrenze. In diesem Bereich liegen die natürlichen Hauptvorkommen der Lärche und Arve.

Die subalpine Krummholzstufe von 1800–2200 m. In den Nordalpen ist das der Bereich oberhalb der Waldgrenze. Hier wachsen noch Lärchen und Arven, aber auch Legföhren, Grün-Erlen und Alpenrosen.

Alpine Stufe Die alpine oder Hochgebirgsstufe umfaßt Höhenlagen von 2200–2800 m. Hier treffen wir vor allem Kleingehölze wie Alpenrosen, Alpenheide und Zwergalpenrose an.

Nivale Stufe In der nivalen oder Schneestufe oberhalb von etwa 2800–3000 m Höhe treten Gehölze,

Gebirgsmammutbäume, hier im Yosemite-Nationalpark/Kalifornien, erreichen Höhen von über 80 m.

abgesehen von einigen Zwergweiden, kaum noch auf. Für die meisten Gehölze ist hier die Vegetationsperiode zu kurz.

Gefährdung und Artenschutz

Viele heimische Pflanzenarten sind in immer stärkerem Maße in ihrem Bestand gefährdet. Die Gründe sind recht unterschiedlicher Art. Hauptursachen sind die immer intensivere land- und forstwirtschaftliche Nutzung mit ihren Monokulturen, die zunehmende Besiedlungsdichte mit all ihren Begleiterscheinungen wie Straßen- und Wegebau, Industrieansiedlungen, Freizeit- und Sportgelände. Das führt neben einem direkten Verlust von Lebensräumen auch zu einer erheblichen Zerstückelung und Isolierung von Biotopen. In den vergangenen Jahrzehnten hat auch die systematische Zerstörung von Feuchtgebieten durch Aufschüttung, Trockenlegung und anschließender landwirtschaftlicher Nutzung, sowie die Begradigung und Verrohrung von Kleinwasserläufen zu einem erheblichen Rückgang von feuchtigkeitsliebenden Pflanzen geführt.

1974 wurde erstmalig eine »Rote Liste der in der Bundesrepublik Deutschland gefährdeten Arten von Farn- und Blütenpflanzen« erstellt. Die 4. Fassung dieser »Roten Liste« erschien 1988.

Durch Isolierung von natürlichen bzw. naturnahen Biotopen infolge intensiver landwirtschaftlicher Nutzung ist oft ein Artenschwund vorprogrammiert.

Heute sind von den 2728 heimischen und seit langem eingebürgerten Pflanzen (Archäophyten) 873 Arten als ausgestorben, verschollen oder gefährdet eingestuft. Das sind immerhin 32% der heimischen Flora. Darunter befinden sich auch 43 Holzgewächse.

Der jeweilige Gefährdungsgrad wird in der »Roten Liste« durch Zahlensymbole von 0–4 angegeben. Es bedeuten:

0 Ausgestorben oder verschollen
Die hier aufgeführten Pflanzenarten sind entweder nachweislich ausgestorben oder an einst belegten Fundorten seit mindestens 10 Jahren trotz Suche nicht mehr nachgewiesen.

In Deutschland ausgestorben ist bisher 1 Gehölzart, die Zweifarbige Weide (*Salix bicolor* Ehrh.).

1 Vom Aussterben bedroht
Vom Aussterben bedroht sind solche Pflanzenarten, die nur in Einzelvorkommen oder wenigen, voneinander getrennten, kleinen oder sehr kleinen Populationen auftreten und deren Bestände aufgrund gegebener oder absehbarer Eingriffe ernsthaft bedroht sind bzw. deren Bestände durch lange anhaltenden starken Rückgang auf eine bedrohliche Größe zusammengeschmolzen sind.

Hier sind 4 Gehölzarten aufgeführt, darunter die Graue Heide (*Erica cinerea* L.), der Rispelstrauch (*Myricaria germanica* (L.) Desv.) und die Wild-Rebe (*Vitis sylvestris* C. Gmel.).

2 Stark gefährdet
Eine starke Gefährdung liegt vor, wenn von der betreffenden Pflanzenart nur noch kleine Bestände existieren oder deren Bestände im nahezu gesamten einheimischen Verbreitungsgebiet signifikant zurückgehen oder regional verschwunden sind.

Zu dieser Kategorie zählen 10 Gehölzarten, z. B. die Bärentraube (*Arctostaphylos uva-ursi* (L.) Spreng.), der Sumpf-Porst (*Ledum palustre* L.), aber auch schon die Feld-Ulme (*Ulmus carpinifolia* Gled.).

3 Gefährdet
Hierzu zählen Pflanzenarten, die regional in kleinen oder sehr kleinen Beständen vorkommen, oder Arten, deren Bestände vielerorts lokal zurückgehen oder lokal verschwunden sind.

Als gefährdet gelten 16 Gehölzarten, darunter der Gagelstrauch (*Myrica gale* L.), die Eibe (*Taxus baccata* L.) und neuerdings auch die Weiß-Tanne (*Abies alba* Mill.).

4 Potentiell gefährdet
Für Pflanzen dieser Kategorie liegt zwar noch keine akute Ge-

fährdung vor, doch können sie wegen ihrer großen Seltenheit durch unvorhergesehene lokale Eingriffe schlagartig ausgerottet werden.

Von den 12 aufgeführten Gehölzarten seien der Sadebaum (*Juniperus sabina* L.), die Rotblättrige Rose (*Rosa glauca* Pourr.) und die Myrten-Weide (*Salix alpina* Scop.) genannt.

Unabhängig von ihrem Gefährdungsgrad in der »Roten Liste« können heimische Pflanzenarten durch die 1986 in Kraft getretene Bundesartenschutzverordnung bzw. die in den einzelnen Bundesländern erlassenen Naturschutzgesetze geschützt sein.

Hingewiesen sei schließlich auch auf das »Washingtoner Artenschutzabkommen« von 1973, das für die Bundesrepublik Deutschland 1976 in Kraft getreten ist. Durch dieses Abkommen soll bedrohten oder seltenen Pflanzenarten weltweiter Schutz zuteil werden.

Auf in der Bundesrepublik Deutschland gefährdete Arten wird in der Kopfspalte bei den Artbeschreibungen durch die oben erklärten Kategorien $\boxed{0}$ bis $\boxed{4}$ verwiesen, in der Bundesrepublik Deutschland geschützte Arten sind dort durch $\boxed{G}$ gekennzeichnet. Ähnliche Bestimmungen gibt es in anderen Ländern.

Benennung der Pflanzen (Nomenklatur)

Seit der Veröffentlichung von Carl von Linnés grundlegendem wissenschaftlichen Werk »Species Plantarum« im Jahr 1753 bestehen wissenschaftliche Pflanzennamen aus zwei Teilen (binäre Nomenklatur): Einem lateinischen oder latinisierten Gattungsnamen, z.B. *Acer,* wird ein Artepitheton angefügt. Der Spitz-Ahorn heißt somit *Acer platanoides.* Der Gattungsname wird stets groß, das Artepitheton in der Regel klein geschrieben. Dem Artepitheton wird noch der volle oder abgekürzte Name des Autors angefügt, der die Pflanzenart benannt und mittels einer (auch heute noch) in lateinischer Sprache abgefaßten Diagnose eindeutig beschrieben hat.

Mitunter kommt es zu Umbenennungen von Pflanzen. Wird zum Beispiel eine Pflanzenart einer anderen Gattung zugeordnet, so steht hinter dem Artepitheton der ursprüngliche Autor nunmehr in Klammern und danach der Autor des neuen Namens. So heißt die Mehlbeere aufgrund einer von Heinrich J.N. Crantz 1763 veröffentlichten Untersuchung heute *Sorbus aria* (L.) Crantz. Linné hatte 1753 die Mehlbeere in die Gattung *Crataegus* einbezogen *(Crataegus aria* L.).

Hybriden (Bastarde) werden dadurch gekennzeichnet, daß man zwischen die Artepitheta der Eltern ein x einfügt (*Platanus orientalis* x *occidentalis*) oder dem neuen Hybridepitheton ein x voranstellt (*Platanus* x *acerifolia*).

Auch die deutsche Namensgebung unterliegt bestimmten Regeln. So heißt die Gattung *Prunus* auf deutsch Kirsche. Demzufolge werden die einzelnen Arten Sauer-Kirsche oder Trauben-Kirsche genannt. Hingegen muß *Lonicera xylosteum* Rote Heckenkirsche heißen, da die Gattung *Lonicera* auf deutsch Heckenkirsche genannt wird.

Weiß-Tanne
Abies alba Miller

Foto oben: ♂ Blüten

F S. 150 R S. 178 S S. 19 3

Kieferngewächse, Pinaceae. **Merkmale:** Immergrüner, 30–50 m hoher Baum mit bis zu 3 m dickem, geradem, bis in den Wipfel durchgehendem Stamm; Borke hellbraun bis silbergrau, sich in dünnen Schuppen ablösend. Krone in der Jugend ebenmäßig kegelförmig, im Alter gerundet. Äste aufrecht oder waagerecht abstehend, in Quirlen etagiert; Verzweigungen in einer Ebene. Rinde hell- bis graubraun; Stammrinde junger Bäume mit Harzblasen. Blätter schraubig angeordnet, an Schattenzweigen in einer Ebene gescheitelt, im Wipfelbereich kamm- oder v-förmig aufgerichtet; Nadeln abgeflacht, 12–30 mm lang, 2–2,5 mm breit, am Ende stumpf oder ausgerandet; oberseits dunkelgrün, unterseits mit 2 silberweißen Streifen; Lebensdauer der Nadeln 8–12 Jahre; abgestorben einzeln abfallend, an den Zweigen rundliche Narben hinterlassend; kahle Zweige fast glatt. Blüten nur im obersten Kronenteil an vorjährigen Zweigen, eingeschlechtig, Pflanzen einhäusig. Männliche Blüten walzlich, 2–2,5 cm lang, gelblich; weibliche Blütenstände auf der Oberseite der Zweige stehend, zylindrisch, 2,5–3 cm lang. Zapfen sitzend, 8–15 cm lang, 3–5 cm breit, beidendig etwas verschmälert, zur Reife hell- bis rotbraun; Zapfenschuppen sich von der verholzenden, bleibenden Zapfenspindel lösend und mit den Samen zu Boden fallend. Samen 6–10 mm lang, mit Harztaschen, 8–10 mm lang geflügelt; Samenreife im 1. Jahr; Zapfenzerfall kurz nach der Samenreife. Blütezeit: Mai bis Juni; Samenreife: September bis Oktober. **Standort:** Auf nährstoffreichen, mittel- bis tiefgründigen Lehm- und Tonböden, auf basischem bis mäßig saurem Gestein; in niederschlagsreicher, luftfeuchter, sommerwarmer und spätfrostgeschützter Klimalage. Verbreitet in Mischwäldern mit Fichte, Buche und Wald-Kiefer, aber auch Reinbestände bildend. **Verbreitung:** Gebirge Süd- und Mitteleuropas. Von den Pyrenäen bis zu den Karpaten. Areal nicht zusammenhängend, mit großen Verbreitungslücken; südlich bis Korsika, den nördlichen Apenninen und der nördlichen Balkan-Halbinsel; vorwiegend in Höhenlagen von 400–1000 m.

Die Weiß-Tanne ist die einzige mitteleuropäische Vertreterin der Gattung *Abies,* die weltweit 40 Arten umfaßt. Das Gattungsareal erstreckt sich über weite Teile der gemäßigten Breiten der Nordhalbkugel.

Die Blüten der Tannen werden durch den Wind bestäubt. Der Pollen vermag mit Hilfe zweier Luftsäcke sehr weit zu fliegen. Die heranreifenden Samen sind durch die dicht schließenden Schuppen gut geschützt und können erst beim Zapfenzerfall vom Wind verbreitet werden. Mit dem als Propeller fungierenden Flügel fallen sie langsam rotierend zu Boden. Tannen sind Schattenkeimer. Die Sämlinge haben meist 5 Keimblätter. Mit etwa 30 Jahren erlangen Jungbäume ihre Blühreife. Tannen können bis 600 Jahre alt werden. Tannenholz ist gelblich- bis grauweiß, weich und elastisch. Es wird als Bau- und Konstruktionsholz verwendet.

Tannen sind, namentlich in Mitteleuropa, besonders stark vom sog. Waldsterben bedroht. Schon seit über 100 Jahren beobachtet man das Absterben vor allem alter Bestände. Weithin sichtbares Schadbild bei Tannen ist eine Kronenverlichtung, die durch vorzeitigen Nadelfall zustande kommt. Auch die Ausbildung der sog. Storchennestkrone schon bei jüngeren Tannen gehört zum typischen Schadbild. Normalerweise ist erst bei Altbäumen ein gehemmtes Wachstum des Gipfeltriebes zu beobachten, so daß es zu einer starken Abflachung der Krone kommt.

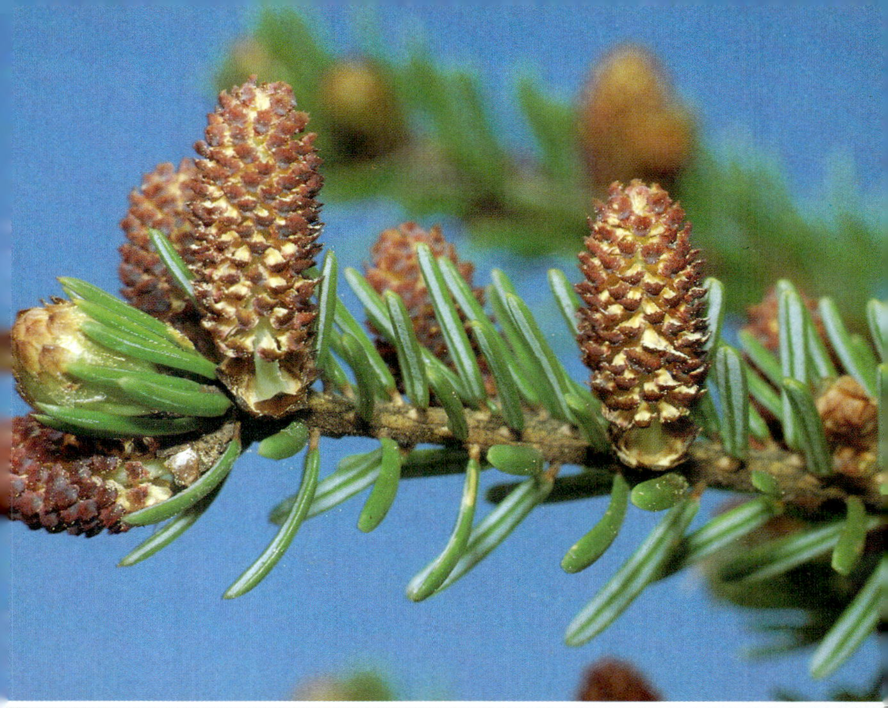

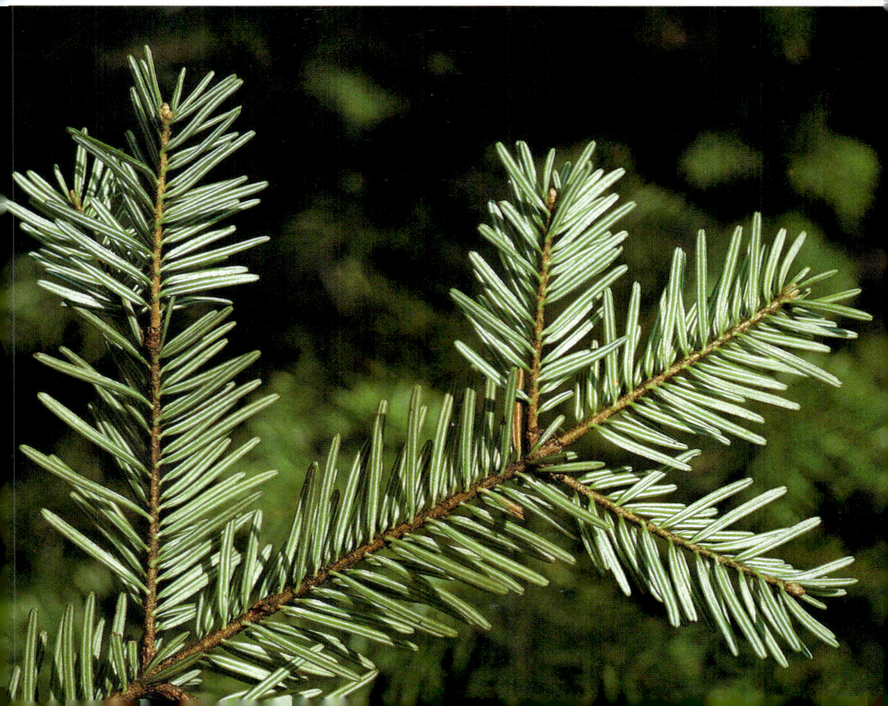

Europäische Lärche

Larix decidua Miller F S. 150   R S. 178

Kieferngewächse, Pinaceae. **Merkmale:** Sommergrüner, bis 40 m hoher Baum. Krone anfangs schmal-kegelförmig, locker, im Alter breit-kegelförmig oder abgeflacht; Stamm bis zum Wipfel durchgehend, bis 1,5 m dick, mit dicker, tiefgefurchter, grau- bis rotbrauner Schuppenborke. Äste fast quirlartig angeordnet, meist waagerecht abstehend. Junge Zweige strohgelb bis hellbraun, kahl. Sproßsystem in Lang- und Kurztriebe gegliedert. Blätter schmal-linealisch, abgeflacht, weich, 15–30 mm lang, 0,5–0,8 mm breit. Nadeln an den Langtrieben locker schraubig stehend, an den Kurztrieben zu 40–50 rosettig angeordnet; im Herbst leuchtend goldgelb gefärbt. Blüten eingeschlechtig, Pflanze einhäusig. Blüten an mindestens 2-jährigen Kurztrieben, vor dem Blattaustrieb erscheinend; männliche Blüten eiförmig oder kugelig, 5–10 mm lang, schwefelgelb; weibliche Blütenstände eiförmig, 10–15 mm lang, rosa- bis dunkelrot, später vergrünend. Zapfen aufrecht, eiförmig, 2–6 cm lang, 2–2,5 cm breit, aufrecht. Samen 3–4,5 mm lang, mit 5–10 mm langem Flügel, im 1. Jahr reifend, einzeln ausfallend; Zapfen erst nach 5–10 Jahren mit den abgestorbenen Zweigen abfallend. Blütezeit: März bis Mai; Samenreife: September bis November. **Standort:** Auf nährstoffreichen, lehmig-tonigen oder sandigen, mittel- bis tiefgründigen Böden, sowohl auf saurem als auch basischem Gestein; in lufttrockener und winterkalter Klimalage. In lichten Reinbeständen oder in Nadel- und Laubmischwäldern; vergesellschaftet mit Arve, Berg-Föhre, Fichte, Tanne und Buche. Vorwiegend in der hochmontanen und subalpinen Nadelwaldstufe der Hochgebirge, häufig die Waldgrenze bildend. **Verbreitung:** Mitteleuropa. Gesamtareal in 4 Teilareale gegliedert: Alpen, Sudeten, Karpaten, Weichselniederung. Je nach Teilareal in Höhenlagen von 150-2350 m.

Die Europäische Lärche ist die einzige heimische Lärchen-Art. Zur Gattung *Larix* werden weltweit 10–12 Arten gezählt. Das Gattungsareal erstreckt sich über die kühleren Gebiete der Nordhalbkugel. In Mitteleuropa ist auch häufig die Japanische Lärche *(Larix kaempferi)* angepflanzt.

Die Europäische Lärche ist eine sehr formenreiche Art. Entsprechend ihrer Teilareale gliedert man sie in 4 Unterarten auf. Es sind dies die Alpenlärche, die Sudetenlärche, die Karpatenlärche und die Polenlärche. Die Lärche ist ein sehr raschwüchsiges Gehölz. Sämlinge können bereits nach 2 Jahren bis zu 1 m groß sein. Schon nach 12–15 Jahren sind freistehende Bäume blühfähig. Das Durchschnittsalter von 200–400 Jahren kann weit überschritten werden.

Durch den Menschen hat die Lärche eine beträchtliche Erweiterung ihres ursprünglichen Verbreitungsgebietes erfahren. Bereits seit dem 16. Jahrhundert wird sie als Forstgehölz auch im Flachland kultiviert. Bevorzugt wird die Sudetenlärche, die geradschäftig wächst und gegen den Lärchenkrebs unempfindlich ist. Lärchenholz ist dauerhaft, sehr fest und widerstandsfähig gegenüber Pilzbefall. Verwendet wird es für Innenverkleidungen, Fußböden sowie im Schiffs- und Wasserbau.

Auch die Wald-Weidewirtschaft in den Alpen trug wesentlich zur Ausbreitung der Lärche bei: In den Lärchenwiesen, das sind sehr lichte Baumbestände, kann sich eine üppige Krautschicht entwickeln und als Viehweide genutzt werden.

Gewöhnliche Fichte
Picea abies (L.) Karsten

Foto: links ♂ Blüten, rechts ♀ Blütenstände
| F | S. 150 | R | S. 178 | S | S. 19

Kieferngewächse, Pinaceae. **Merkmale:** Immergrüner, 30–50 m hoher Baum mit kegelförmiger Krone; Stamm gerade, bis zum Wipfel durchgehend, bis 1,5 m dick, mit rotbrauner oder kupferfarbener, sich in dünnen Schuppen lösender Borke. Äste in regelmäßigen Quirlen angeordnet, bei freistehenden Bäumen auch im Alter bis zum Boden bleibend; obere Äste aufrecht, untere waagerecht oder hängend; junge Zweige kahl oder behaart, hell- bis rotbraun. Nadeln schraubig stehend, steif, stechend, zugespitzt, 10–30 mm lang, 1 mm breit, im Querschnitt 4-kantig; Blätter einem Nadelkissenhöcker aufsitzend, der nach dem Laubfall erhalten bleibt, kahle Zweige deshalb rauh; Lebensdauer der Nadeln 5–12 Jahre. Blüten eingeschlechtig, Pflanze einhäusig; Blüten nur im Wipfelbereich. Männliche Blüten 15–20 mm lang, blattachselständig, gelblich; weibliche Blütenstände aufrecht, endständig, 5–6 cm lang, gelbgrün bis hellrot. Zapfen ungestielt, hängend, zylindrisch, 10–15 cm lang, geöffnet 3–4 cm breit. Samen im 1. Jahr reifend, 4–5 mm lang, mit 15 mm langem Flügel. Blütezeit: Mai bis Juni; Samenreife: September bis November. **Standort:** Auf lockeren, mittel- bis tiefgründigen, feuchten bis nassen, torfigen bis steinig-sandigen Böden. In luftfeuchter, kühler und winterkalter Klimalage. In Reinbeständen oder in Mischwäldern. **Verbreitung:** Mitteleuropa bis Ostasien; in Höhenlagen von 800–1550 m.

Die Gewöhnliche Fichte ist der einzige in Mitteleuropa beheimatete Vertreter der 50 Arten umfassenden Gattung *Picea.* Mit der systematischen Aufforstung im 18. Jahrhundert wurde die Fichte das wichtigste Waldgehölz. Ihr Anteil an der Waldfläche der Bundesrepublik beträgt etwa 42%. Fichten erlangen im Freistand mit 20–25 Jahren ihre Blühreife. Sie können 200–600 Jahre alt werden.

Douglasie
Pseudotsuga menziesii (Mirbel) Franco

| F | S. 150 | R | S. 178

Kieferngewächse, Pinaceae. **Merkmale:** Immergrüner, 50–60 m hoher Baum. Krone kegelförmig, im Alter abgeflacht und breit; Stamm bis in den Wipfel durchgehend, bis 4 m dick, mit dicker, tief längsgefurchter, korkiger, grau- bis schwarzbrauner Borke. Junge Stämme mit Harzblasen. Äste in Quirlen, waagerecht abstehend oder hängend; junge Zweige gelb- bis olivgrün, fein und dicht behaart. Nadeln schraubig stehend, unregelmäßig oder deutlich gescheitelt, am Grunde mit 1 mm langem Stiel, ledrig, 20–40 mm lang, 1–1,5 mm breit, abgeflacht; Lebensdauer 6–8 Jahre. Blüten eingeschlechtig, Pflanze einhäusig. Männliche Blüten 10–15 mm lang, blattachselständig, gelb; weibliche Blütenstände zu 1–3, eiförmig, 15–20 mm lang, gelblichgrün bis rot. Zapfen 10–20 mm lang gestielt, hängend, länglich-eiförmig bis zylindrisch, 5–10 cm lang, 2,5–3,5 cm breit; Samenschuppen fast kreisförmig, Deckschuppen schmal, 3-zipfelig, die Samenschuppen weit überragend. Samen 5–7 mm lang, mit 8–12 mm langem Flügel; im 1. Jahr reifend. Blütezeit: April bis Mai; Samenreife: August bis September. **Standort:** Auf nährstoffreichen, meist tiefgründigen Böden in luftfeuchter und regenreicher Klimalage; in Reinbeständen oder in Mischwäldern. **Verbreitung:** Pazifisches Nordamerika; in Höhenlagen von 0–2600 m.

Die Douglasie wurde 1793 entdeckt und 1827 von dem schottischen Botaniker D. Douglas in England eingeführt. Douglasien erlangen als Solitärgehölz bereits mit 10 Jahren ihre Blühreife. Sie können bis zu 700 Jahre alt werden.

Wald-Kiefer, Wald-Föhre
Pinus sylvestris L.

Foto oben:
♂ (links) und ♂ Blütenstand (rechts)
F S. 151   R S. 179

Kieferngewächse, Pinaceae. **Merkmale:** Immergrüner, 20–35 m hoher Baum. Krone anfangs kegelförmig, sehr locker, im Alter, nach Erreichen der Endhöhe, meist asymmetrisch gerundet, flach, bisweilen fast schirmförmig und dicht. Stamm langschäftig, gerade, bis 1 m dick, mit dicker, tiefgefurchter, grau- bis rotbrauner Schuppen- oder Plattenborke. Äste anfangs quirlig-etagiert stehend, bogig aufsteigend, später unregelmäßig angeordnet, aufsteigend oder hängend. Junge Triebe kahl, grün bis gelblich, gerieft, vollständig von den herablaufenden Schuppenblattbasen berindet. Junge Stämme und Äste im Kronenbereich mit orangefarbener bis roter Spiegelrinde, die papierartig abblättert. Blätter an 2-nadeligen Kurztrieben, am Grunde von einer 6–10 mm langen, grauen Nadelscheide umhüllt; Nadeln steif, meist deutlich gedreht, 25–75 mm lang, 1,5–2 mm breit, zugespitzt, blau- oder graugrün. Lebensdauer der Nadeln 2–3, mitunter bis 7 Jahre, mit den Kurztrieben abfallend. Blüten eingeschlechtig, Pflanzen einhäusig. Männliche Blüten zahlreich am Grunde junger Langtriebe, 6–7 mm lang, gelb; weibliche Blütenstände zu 1–2 (–5) fast endständig an jungen Langtrieben, eiförmig bis fast kugelig, 5–6 mm lang, hellrosa bis tiefrot. Zapfen gestielt, zurückgekrümmt, 3–8 cm lang, geöffnet 3–5,5 cm breit. Zapfenschuppen dick, zur Reife bei Trockenheit klaffend oder zurückgekrümmt, mit je 2 Samen. Samen 3–5 mm lang, mit 15 mm langem, dünnen Flügel, im 2. Jahr reifend. Blütezeit: Mai bis Juni; Samenreife: September bis Oktober. **Standort:** Auf sowohl mäßig trockenen bis nassen, basenreichen, kalkhaltigen bis sauren, humosen Lehm-, Sand-, Kies- oder Torfböden; in sommerwarmer, häufig winterkalter Klimalage. In Mischwäldern oder in Reinbeständen. **Verbreitung:** Europa bis Ostasien. Areal im Westen und Südosten inselartig zergliedert; ein geschlossenes Areal von den Alpen und den mitteleuropäischen Gebirgen über Norddeutschland, Skandinavien bis ins östliche Asien. Hauptverbreitung in Nordeurasien; vom Tiefland bis in höhere Gebirgslagen, in den Alpen bis 2200 m hoch aufsteigend.

Von den rund 90 Arten der Gattung *Pinus,* deren Areal weite Teil der Nordhalbkugel umfaßt, kommen in Deutschland 3 Arten vor. Die Wald-Kiefer hat sowohl das größte Areal aller Kiefern-Arten als auch die größte Verbreitung aller europäisch-asiatischen Nadelgehölze. Je nach geographischem Vorkommen als auch nach der Höhenlage, lassen sich mehrere Formen und Varietäten unterscheiden. In der Bundesrepublik Deutschland liegt der Anteil der Kiefer am Wald bei ca. 25%. Die Kiefer liefert ein vielseitig verwendbares, weiches und dauerhaftes Holz, das einen breiten, gelblichen bis rötlichweißen Splint und einen am Licht nachdunkelnden, bräunlichen Kern hat.

Kiefernpollen wird in großer Menge gebildet. Er vermag mittels seiner beiden Luftsäcke weit zu fliegen. Die Samenanlagen der Kiefer werden 1 Jahr nach der Bestäubung befruchtet. Erst nach der Befruchtung beginnen auch die Zapfen zu wachsen. Die Samen sind im Herbst reif. Im folgenden Frühjahr jedoch erst beginnen sich die Zapfen, oft mit deutlich hörbarem knakkenden Geräusch zu öffnen, wobei die Samen entlassen werden. Die Sämlinge haben 4–7 Keimblätter. Mit etwa 15 Jahren erlangen junge Kiefern im Freistand ihre Blühreife, im Bestand meist viel später. Kiefern werden bis 600 Jahre alt, die durchschnittliche Lebensdauer beträgt 200–300 Jahre.

Weymouths Kiefer
Pinus strobus L.   F S.151

Kieferngewächse, Pinaceae. **Merkmale:** Immergrüner, 30–60 m hoher Baum. Krone anfangs locker, kegelförmig, im Alter gerundet, breiter und flach. Stamm gerade, bis 1,5 m dick, lange glatt bleibend, zuletzt mit tief gefurchter, dunkelgrauer Schuppenborke. Äste etagiert stehend, bogig aufsteigend, Quirle weit voneinander entfernt; junge Zweige dünn, fast glatt. Blätter an 5-nadeligen Kurztrieben, mit 10 mm langer, hinfälliger Nadelscheide; Nadeln 7,5–12 cm lang, 0,6–0,8 mm breit, weich; Lebensdauer der Nadeln 3 Jahre. Blüten eingeschlechtig, Pflanze einhäusig. Männliche Blüten eiförmig, 6–7 mm groß; weibliche Blütenstände zu 1–4, aufrecht, 10–15 mm lang, hellrot. Zapfen 1–2,5 cm lang gestielt, hängend, leicht gebogen, 8–20 cm lang, geöffnet 4–5 cm breit. Samen 5–7 mm lang, mit 15–20 mm langem, dünnen Flügel; im 2. Jahr reifend. Blütezeit: Mai bis Juni; Samenreife: August bis September. **Standort:** Feuchte, tiefgründige, sandig-lehmige Böden; vorwiegend im Tiefland, in luftfeuchter Klimalage. In Reinbeständen oder in Nadel- und Laubmischwäldern. **Verbreitung:** Nordöstliches Nordamerika. Vom Tiefland bis zu 1300 m Höhe.

Die Weymouths Kiefer, in Amerika White Pine oder Eastern White Pine genannt, gelangte schon im 16. Jahrhundert nach Europa. Lord Weymouth sorgte für eine großflächige Anpflanzung in England. Die Weymouths Kiefer ist in Deutschland ein häufig angepflanzter Garten- und Parkbaum. Junge Bäume blühen bereits mit 10–15 Jahren. Die Weymouths Kiefer kann über 500 Jahre alt werden.

Schwarz-Kiefer
Pinus nigra Arnold   F S.151   R S.179

Kieferngewächse, Pinaceae. **Merkmale:** Immergrüner, 30–40 m hoher Baum. Krone junger Bäume kegelförmig, später abgeflacht und weit ausladend. Stämme gerade, bis 1 m dick, mit dicker, grob gefurchter, dunkelgrauer bis schwarzbrauner Borke. Junge Zweige dick, durch Schuppenblattreste rauh. Blätter an meist 2-nadeligen Kurztrieben, mit dunkelgrauer, 10–15 mm langer, bleibender Nadelscheide. Nadeln steif, dunkelgrün, 8–18 cm lang, 1–2 mm breit. Lebensdauer der Nadeln 4–8 Jahre. Blüten eingeschlechtig, Pflanze einhäusig. Männliche Blüten walzlich, 2–3 cm lang; weibliche Blütenstände zu 1–4, aufrecht, ca. 10 mm lang, meist nur im oberen Kronenteil. Zapfen sehr kurz gestielt, 3–19 cm lang, geöffnet 5–6 cm breit, hellbraun. Samen im 2. Jahr reifend, 5–7 mm lang, mit 2,5 cm langem Flügel. Blütezeit: Mai bis Juni; Samenreife: September bis November. **Standort:** Auf mittel- bis flachgründigen, meist nur wenig nährstoffreichen Lehm- oder Sandböden; häufig auch Kalkgestein. **Verbreitung:** Südeuropa bis Kleinasien, Nordwestafrika; nördlich bis zum östlichen Österreich (Wienerwald). In Gebirgslagen, oft bis zur Waldgrenze; in Südeuropa 2000 m erreichend.

Die Schwarz-Kiefer ist eine vielgestaltige Art, die in mehrere Unterarten aufgegliedert wird (Österreichische Schwarz-Kiefer, Krim-Schwarz-Kiefer, Dalmatinische Schwarz-Kiefer, Pyrenäen-Schwarz-Kiefer, Korsische Schwarz-Kiefer). In Mitteleuropa ist nahezu ausschließlich die Österreichische Schwarz-Kiefer *(Pinus nigra* ssp. *nigra)* angepflanzt, da sie allein ausreichend winterhart ist. Junge Bäume blühen im Alter von ca. 15 Jahren. Schwarz-Kiefern können bis zu 500 Jahre alt werden.

Arve, Zirbe, Zirbel-Kiefer
Pinus cembra L.

Foto rechts: ♂ Blüten
F S. 151

Kieferngewächse, Pinaceae. **Merkmale:** Immergrüner, 10–25 m hoher Baum. Krone anfangs schmal-kegelförmig, dicht, im Alter gerundet, oft fast säulenförmig; Stamm 1–1,7 m dick, mit längsrissiger, graubrauner bis silbrig-rotbrauner, dicker Borke. Äste in dicht stehenden Quirlen, bogig aufsteigend. Rinde junger Zweige graugrün oder hellgrau, glatt, dicht filzig orangebraun bis rostrot behaart. Kurztriebe 5-nadelig, mit 2 cm langer, hinfälliger Nadelscheide. Nadeln biegsam, nicht stechend, 5–12 cm lang, 1–1,5 mm breit; Lebensdauer der Nadeln 4–6 Jahre. Blüten eingeschlechtig, Pflanze einhäusig. Männliche Blüten eiförmig bis walzlich, ca. 15 mm lang; weibliche Blütenstände zu 1–6, aufrecht, 10–15 mm lang, hellpurpurn bis tiefrot. Junge Zapfen blaugrün bis hellviolett; ausgereift purpur- bis zimtbraun, aufrecht, 5–13 cm lang, 3,5–8 cm breit, zur Reife geschlossen bleibend, im Frühjahr des 3. Jahres abfallend. Samen ungeflügelt, dickschalig, 8–14 mm lang. Blütezeit: Mai bis Juli; Samenreife: September bis Oktober. **Standort:** Auf frischen, meist mäßig nährstoffreichen, sauren Lehmböden oder auf Gestein mit saurer Rohhumusauflage; vorwiegend in kalter, lufttrockener Klimalage; in Reinbeständen oder mit Lärchen. **Verbreitung:** Areal in 2 Teilareale gegliedert: Alpen-Arve: Alpen, Karpaten; zwischen 1300 und 2750 m. Sibirische Arve: Östliches Nordrußland bis West- und Mittelsibirien.
Die Arve ist ein langsam wachsendes Gehölz, das am natürlichen Standort erst mit 50–60 Jahren zu blühen beginnt. Arven können 700–1000 Jahre alt werden. Die Samen werden vor allem vom Tannenhäher verbreitet.

Berg-Kiefer, Berg-Föhre, Latsche, Spirke
Pinus mugo Turra

Foto: Latsche
F S. 151

Kieferngewächse, Pinaceae. **Merkmale:** Niederliegender Großstrauch mit aufsteigenden Ästen oder bis 25 m hoher, oft mehrstämmiger, aufrechter Baum mit kegelförmiger, lockerer Krone; Stämme bis 50 cm dick; Borke längsrissig, graubraun bis schwarzgrau. Zweige hell- bis schwarzbraun, rauh. Kurztriebe 2-nadelig, mit 10 mm langer, bleibender Nadelscheide. Nadeln steif, oft sichelförmig gebogen, 2–8 cm lang, 1,3–2 mm breit. Lebensdauer der Nadeln 5–12 Jahre. Blüten eingeschlechtig, Pflanze einhäusig. Männliche Blüten walzlich, 10–15 mm lang; weibliche Blütenstände zu 1–4 am Ende junger Langtriebe, 5–10 mm lang. Zapfen 3–7 cm lang, geöffnet, 2–5,5 cm breit. Samen 4–5 mm lang, mit 10–15 mm langem Flügel, im 2. Jahr reifend. Blütezeit: Juni bis Juli; Samenreife: Oktober bis November. **Standort:** Auf nährstoffarmen, flach- bis mittelgründigen Böden, sowohl auf kalkhaltigem als auch saurem Untergrund; häufig an Extremstandorten oberhalb der Baumgrenze, oft Reinbestände bildend. **Verbreitung:** Gebirge Süd- und Mitteleuropas.
Die Berg-Kiefer begegnet uns in mannigfacher Gestalt. In den Hochgebirgen ist sie, als Leg-Föhre oder Latsche, ein niederliegender Großstrauch mit aufsteigenden Ästen. In Höhen bis zu 2480 m bildet sie im sog. Latschengürtel ausgedehnte Reinbestände. Die Berg-Föhre, Haken-Kiefer oder Berg-Spirke ist ein aufrechter, bis 25 m hoher Baum. Das Areal erstreckt sich, in Höhenlagen von 500–2300 m, von den Pyrenäen bis zu den Schweizer Zentralalpen. Die Moor-Berg-Kiefer oder Spirke wird als Baum nur 8–10 m hoch. Sie bevorzugt Hochmoore in Höhenlagen von 800–1200 m. Ihre Verbreitung reicht von den Vogesen bis zur Lausitz.

Gewöhnliche Eibe

Taxus baccata L. $\boxed{F}$ S. 167 $\boxed{R}$ S. 179 $\boxed{3}$ $\boxed{G}$

Eibengewächse, Taxaceae. **Merkmale:** Immergrüner, 10–18 m hoher Baum. Krone anfangs breit-kegelförmig, später gerundet oder kugelförmig, im Freistand meist bis zum Boden beastet, oft vom Grunde an mehrstämmig; Einzelstämme im Alter zu Komplexstämmen verwachsend, bis 1 m dick. Borke dünn, grau- bis rotbraun, längsrissig, sich in großen, dünnen Schuppen ablösend. Äste aufsteigend oder waagerecht abspreizend, reich verzweigt. Junge Zweige von Nadelbasen berindet, grün. Blätter schraubig angeordnet, abgeflacht, biegsam-lederig, 1,5–3,5 cm lang, 2–2,5 mm breit; oberseits dunkelgrün, glänzend, unterseits heller. Nadeln an aufrechten Trieben allseitig abspreizend, sonst streng in einer Ebene gescheitelt, schwach sichelförmig gebogen; später einzeln abfallend. Lebensdauer der Nadeln 3–8 Jahre. Blüten eingeschlechtig, zweihäusig verteilt, einzeln blattachselständig an vorjährigen Zweigen. Männliche Blüten zahlreich, sehr kurz gestielt, kugelig, 4 mm groß, gelblich; weibliche Blüten unscheinbar, 1–1,5 mm groß. Samen 6–7 mm lang, 3–5 mm breit, eiförmig, oben zugespitzt und abgeflacht, bläulich-braun; von einem ca. 8 mm langen, oben offenen, leuchtend roten, eng anliegenden Samenmantel (Arillus) umgeben. Samen im 1. Jahr reifend. Blütezeit: März bis April; Samenreife: September bis Oktober. **Standort:** Auf frischen, meist basischen, lockeren, humosen, tiefgründigen, nährstoffreichen Böden. Bevorzugt in feuchter Klimalage. In lichten bis schattigen Tannen-, Buchen-, Eschen-Ahorn-Mischwäldern und Schluchtwäldern; nie Reinbestände bildend. **Verbreitung:** Europa, Nordanatolien, Kaukasien, Nordpersien, westliches Nordafrika. Gesamtareal in viele Teilareale aufgegliedert. Von der Ebene bis in mittlere Gebirgslagen; in den Alpen bis zu Höhen von 1600 m.

Die Gewöhnliche Eibe ist die einzige europäische Art der Gattung *Taxus,* die mit 8 Arten vor allem in den gemäßigten Breiten der Nordhalbkugel beheimatet ist.

Eiben unterscheiden sich von allen anderen Nadelgehölzen durch das Fehlen von Harzkanälen. Dafür enthalten alle Pflanzenteile, mit Ausnahme des Samenmantels, ein starkes Gift, das Taxin, ein Pseudoalkaloid. Eibennadeln enthalten daneben auch cyanogene Glykoside. Während Rinder Eibenzweige ohne Schaden fressen können, reagieren Pferde sehr empfindlich. Vergiftungen beim Menschen äußern sich durch Erbrechen, heftige Leibschmerzen und Schwindel. Auch der Holzstaub, der bei der Verarbeitung des Eibenholzes entsteht, kann zu Vergiftungen führen. Der saftig-fleischige Samenmantel schmeckt süßlich. Er wird von Vögeln, vor allem Amseln, Drossel-Arten und Rotkehlchen verzehrt und der Samen unversehrt wieder ausgeschieden. Eibensamen keimen meist erst im 2. Jahr. Junge Bäume werden mit 15–30 Jahren blühfähig. Eiben können über 600 Jahre alt werden. Eine genaue Altersbestimmung ist meist nicht möglich, da der innere Teil des Holzkörpers bei alten Bäumen degeneriert bzw. eine Zählung der Jahresringe bei Komplexstämmen nicht möglich ist.

Durch moderne Waldbaumethoden sind Eiben in den Wäldern selten geworden. Allein im Plenterbetrieb, einer Waldwirtschaftsform bei der aus einem Bestand jeweils nur einzelne, große Stämme herausgeschlagen werden, haben sie Überlebenschancen und können sich vermehren. Zur Dezimierung hat auch eine intensive Holznutzung beigetragen: Das harte, elastische, im Kern tiefrote Holz läßt sich vielseitig verwenden.

Gewöhnlicher Wacholder
Juniperus communis L.

Foto rechts: ♂ Blüten
F S. 161

Zypressengewächse, Cupressaceae. **Merkmale:** Immergrüner, vom Grunde an reich verzweigter, oft mehrstämmiger, bis 6 m hoher Strauch oder kleiner, bis 15 m hoher Baum. Krone säulenförmig, kegelförmig, breit gerundet oder abgeflacht; Stamm meist nur kurz, bis 30 cm dick, mit dünner, längsgestreifter, grau- bis rotbrauner Borke. Blätter in 3-zähligen Wirteln, linealisch bis lanzettlich, stachelspitzig, meist rechtwinklig abspreizend; oberseits mit breitem, grauweißen Band. Blüten eingeschlechtig, zweihäusig verteilt, blattachselständig an vorjährigen Zweigen. Männliche Blüten 4–5 mm lang, gelblich; weibliche Blütenstände unscheinbar, grün. Beerenzapfen oval bis kugelig, schwarzblau, bereift, 4–9 mm lang, mit 1–3 hartschaligen Samen, die im 2. oder 3. Jahr reifen. Blütezeit: April bis Juni; Samenreife: August bis Oktober. **Standort:** Auf flach- bis mittelgründigen, meist nährstoffarmen Böden. Auf Magerweiden und Zwergstrauchheiden sowie in lichten Nadelwäldern; häufig auf Muschelkalkhängen. **Verbreitung:** Eurasien, Nordamerika, Südgrönland, westliches Nordafrika. Vom Tiefland bis zu 1600 m Höhe in den Alpen.

Der Gewöhnliche Wacholder hat unter allen Nadelgehölzen das größte Areal. Er ist zugleich die einzige Wacholder-Art, die sowohl in Eurasien als auch in Nordamerika beheimatet ist. Insgesamt gehören der Gattung *Juniperus* 60 Arten an, 3 sind in Mitteleuropa heimisch.

Die Beerenzapfen sind ungiftig. Sie enthalten Zucker und terpentinreiche, ätherische Öle. Wegen ihres hohen Zuckergehaltes (bis zu 30%) lassen sich Wacholderbeeren vergären. Sie werden von zahlreichen Vogelarten gefressen und verbreitet.

Sadebaum, Stink-Wacholder
Juniperus sabina L.

Foto: Zweig mit Schuppenblättern
und ♂ Blüten
4

Zypressengewächse, Cupressaceae. **Merkmale:** Immergrüner, 1–2 m, selten bis 5 m hoher Strauch oder kleiner Baum, dicht verzweigt, mit niederliegend-aufsteigenden Ästen; Rinde und Borke rotbraun. Blätter gegenständig; Jugendblätter nadelförmig, 4–5 mm lang, 0,5–1 mm breit; oberseits flach und mit 2 graublauen Streifen; unterseits dunkelgrün mit länglicher Drüse; Schuppenblätter länglich-lanzettlich, 1–4 mm lang, stumpf oder zugespitzt, mit 2 grauweißen Streifen und länglicher Drüse. Zerriebene Blätter unangenehm riechend. Blüten endständig, eingeschlechtig, Pflanzen ein- oder zweihäusig. Männliche Blüten eiförmig, 3–3,5 mm lang, gelb; weibliche Blütenstände unscheinbar. Beerenzapfen kugelig, 5–7 mm groß, schwarzblau, bereift, mit 2–3, im 1. oder 2. Jahr reifenden Samen. Blütezeit: März bis Mai; Samenreife: Oktober bis April. **Standort:** In Felsritzen, an Felshängen, in Steppenrasen, lichten Kiefern- und Lärchenwäldern; auf flachgründigen, meist basenreichen Böden. **Verbreitung:** Gebirge von Südeuropa und dem südlichen Mitteleuropa bis nach Mittelasien; Nordwestafrika. In Deutschland nur in Südbayern, häufiger in der Schweiz und in Österreich; Gebirgs- und Hochgebirgslagen bis 3000 m.

Der Sadebaum ist in allen Pflanzenteilen sehr giftig. Hauptsächlicher Wirkstoff ist ein ätherisches Öl, das 20% Sabinen, 40% Sabinylacetat sowie Thujon enthält. Vergiftungen äußern sich durch Übelkeit, Krämpfe und zentrale Lähmungen. Es kann zu Nieren- und Leberschädigungen kommen. Das ätherische Öl diente früher als Abortivum.

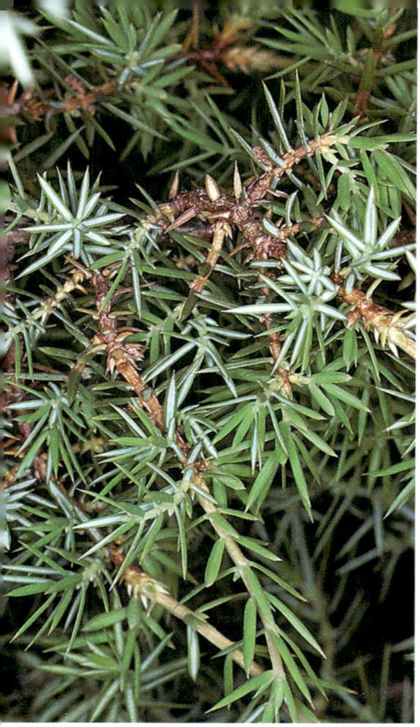
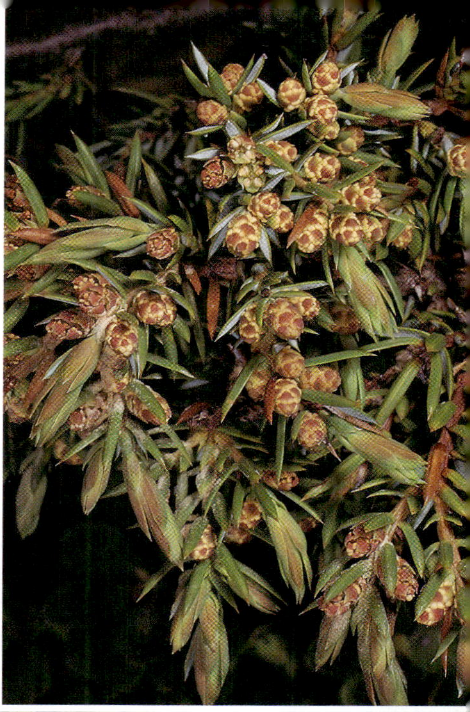
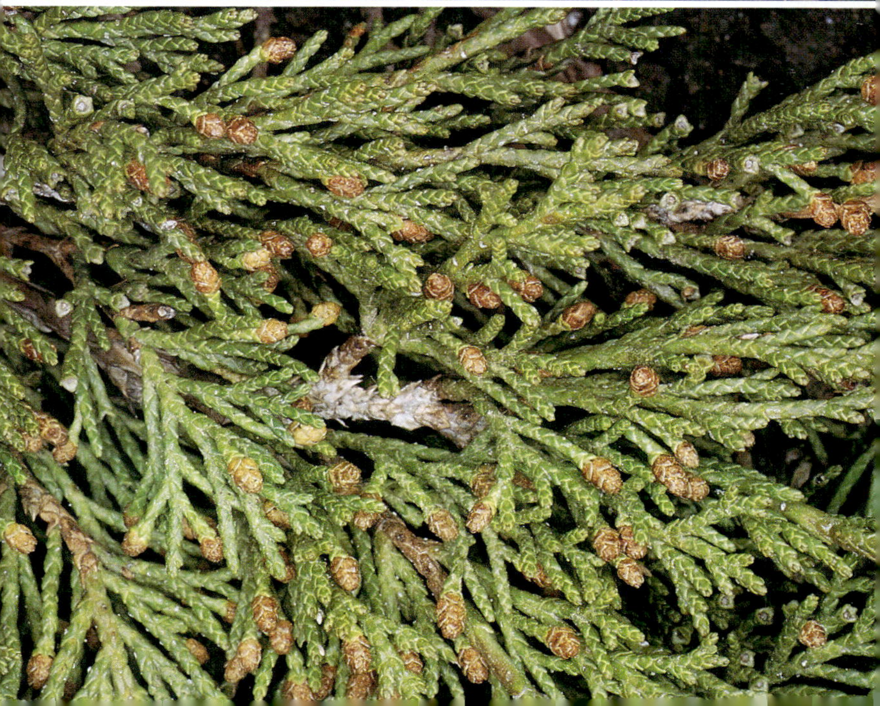

Gewöhnliches Pfaffenhütchen, Spindelstrauch
Evonymus europaeus L. $\boxed{F}$ S. 163

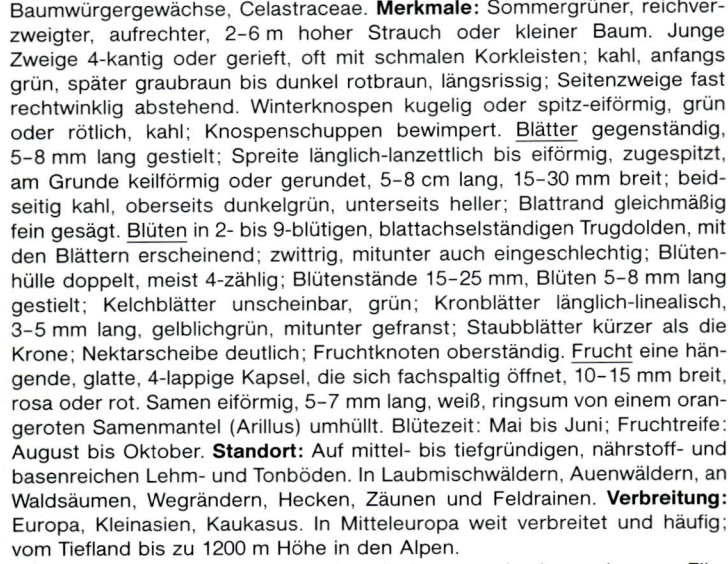

Baumwürgergewächse, Celastraceae. **Merkmale:** Sommergrüner, reichver-zweigter, aufrechter, 2–6 m hoher Strauch oder kleiner Baum. Junge Zweige 4-kantig oder gerieft, oft mit schmalen Korkleisten; kahl, anfangs grün, später graubraun bis dunkel rotbraun, längsrissig; Seitenzweige fast rechtwinklig abstehend. Winterknospen kugelig oder spitz-eiförmig, grün oder rötlich, kahl; Knospenschuppen bewimpert. Blätter gegenständig, 5–8 mm lang gestielt; Spreite länglich-lanzettlich bis eiförmig, zugespitzt, am Grunde keilförmig oder gerundet, 5–8 cm lang, 15–30 mm breit; beid-seitig kahl, oberseits dunkelgrün, unterseits heller; Blattrand gleichmäßig fein gesägt. Blüten in 2- bis 9-blütigen, blattachselständigen Trugdolden, mit den Blättern erscheinend; zwittrig, mitunter auch eingeschlechtig; Blüten-hülle doppelt, meist 4-zählig; Blütenstände 15–25 mm, Blüten 5–8 mm lang gestielt; Kelchblätter unscheinbar, grün; Kronblätter länglich-linealisch, 3–5 mm lang, gelblichgrün, mitunter gefranst; Staubblätter kürzer als die Krone; Nektarscheibe deutlich; Fruchtknoten oberständig. Frucht eine hän-gende, glatte, 4-lappige Kapsel, die sich fachspaltig öffnet, 10–15 mm breit, rosa oder rot. Samen eiförmig, 5–7 mm lang, weiß, ringsum von einem oran-geroten Samenmantel (Arillus) umhüllt. Blütezeit: Mai bis Juni; Fruchtreife: August bis Oktober. **Standort:** Auf mittel- bis tiefgründigen, nährstoff- und basenreichen Lehm- und Tonböden. In Laubmischwäldern, Auenwäldern, an Waldsäumen, Wegrändern, Hecken, Zäunen und Feldrainen. **Verbreitung:** Europa, Kleinasien, Kaukasus. In Mitteleuropa weit verbreitet und häufig; vom Tiefland bis zu 1200 m Höhe in den Alpen.

Die unscheinbaren Blüten des Pfaffenhütchens werden besonders von Flie-gen bestäubt. Vögel, vor allem Amseln, Singdrosseln, Rotkehlchen und Mönchsgrasmücken verzehren die sich kontrastreich von den Früchten abhebenden Samen und sorgen so für eine Verbreitung.

Das Gewöhnliche Pfaffenhütchen ist giftig. Rinde, Blätter und Samen ent-halten mehrere Giftstoffe. Die Samen sind reich an Digitaloiden, vor allem Evonosid, Evobiosid und Evomonosid, aber auch an Alkaloiden, namentlich Evonin. Zu Vergiftungen kommt es jedoch selten, da weder Samen noch Früchte zum Verzehr verleiten. Vergiftungssymptome sind Durchfall, Kreis-laufstörungen und Fieber.

Häufig werden die Büsche von den Raupen eines Kleinschmetterlings, der Gespinstmotte *(Yponomeuta plumbellus)* befallen, die die Zweige mit einem hellen Gespinst überziehen und nicht selten Kahlfraß bewirken. Durch einen bald darauf erfolgenden erneuten Laubaustrieb, der dann vom Fraß ver-schont bleibt, kommt es jedoch zu keinen bleibenden Schäden. Auch die Schwarze Bohnenlaus *(Aphis fabae)* befällt das Pfaffenhütchen oft in Mas-sen, so daß die Zweige dann schwarz gefärbt und die Blätter deformiert sind.

Neben dem Gewöhnlichen Pfaffenhütchen kommen in Mitteleuropa noch der Warzen-Spindelstrauch *(Evonymus verrucosus),* dessen Zweige dicht mit schwarzen Korkwarzen versehen sind, sowie der Breitblättrige Spindel-strauch *(Evonymus latifolius)* mit großen, bis 15 cm langen Blättern, geflü-gelten Kapseln und langen, spitzen Winterknospen vor. Beide Arten sind mitunter auch angepflanzt.

Insgesamt werden zur Gattung *Evonymus* 175 Arten gezählt. Einige davon sind beliebte Kübelpflanzen.

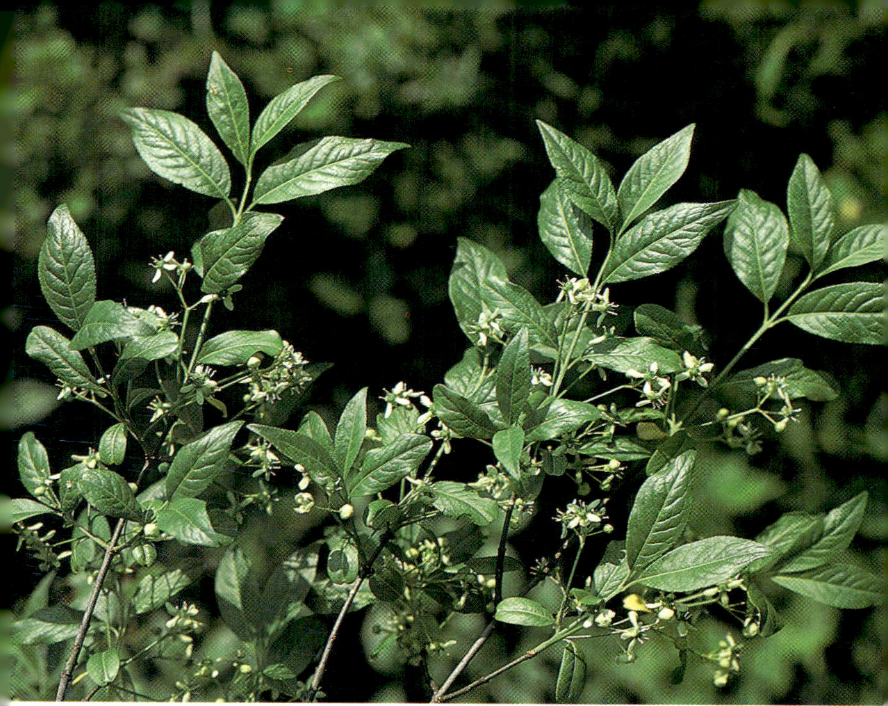
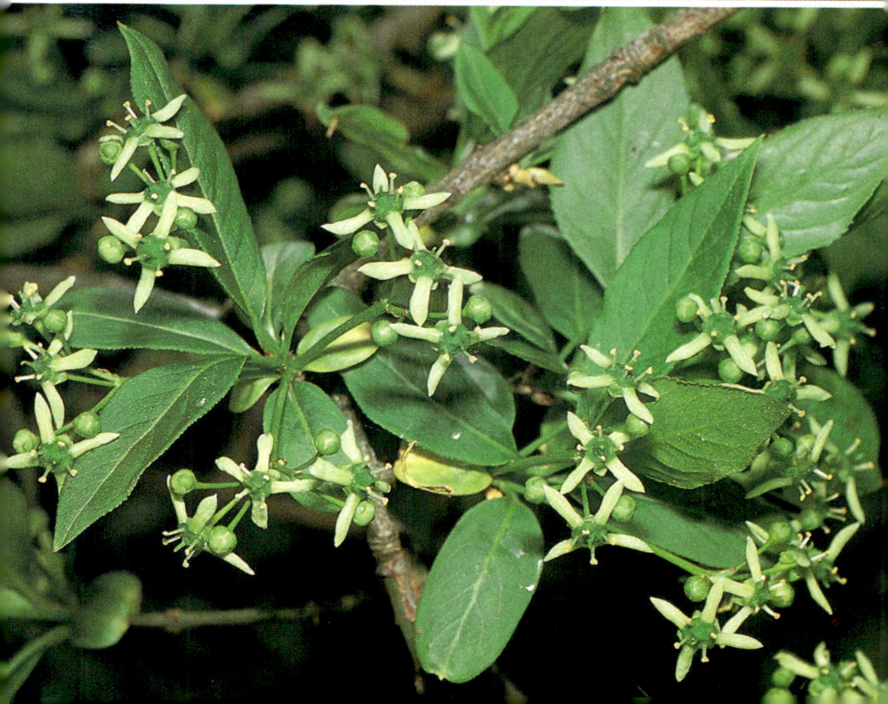

Gewöhnlicher Liguster, Rainweide
Ligustrum vulgare L.

F S. 160

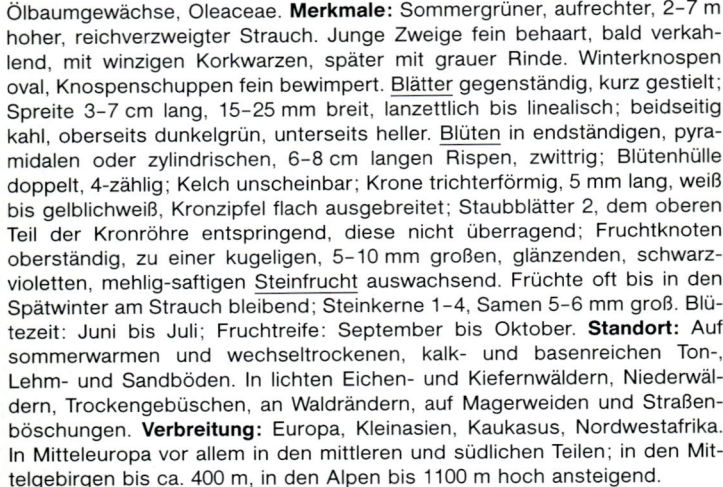

Ölbaumgewächse, Oleaceae. **Merkmale:** Sommergrüner, aufrechter, 2–7 m hoher, reichverzweigter Strauch. Junge Zweige fein behaart, bald verkahlend, mit winzigen Korkwarzen, später mit grauer Rinde. Winterknospen oval, Knospenschuppen fein bewimpert. Blätter gegenständig, kurz gestielt; Spreite 3–7 cm lang, 15–25 mm breit, lanzettlich bis linealisch; beidseitig kahl, oberseits dunkelgrün, unterseits heller. Blüten in endständigen, pyramidalen oder zylindrischen, 6–8 cm langen Rispen, zwittrig; Blütenhülle doppelt, 4-zählig; Kelch unscheinbar; Krone trichterförmig, 5 mm lang, weiß bis gelblichweiß, Kronzipfel flach ausgebreitet; Staubblätter 2, dem oberen Teil der Kronröhre entspringend, diese nicht überragend; Fruchtknoten oberständig, zu einer kugeligen, 5–10 mm großen, glänzenden, schwarzvioletten, mehlig-saftigen Steinfrucht auswachsend. Früchte oft bis in den Spätwinter am Strauch bleibend; Steinkerne 1–4, Samen 5–6 mm groß. Blütezeit: Juni bis Juli; Fruchtreife: September bis Oktober. **Standort:** Auf sommerwarmen und wechseltrockenen, kalk- und basenreichen Ton-, Lehm- und Sandböden. In lichten Eichen- und Kiefernwäldern, Niederwäldern, Trockengebüschen, an Waldrändern, auf Magerweiden und Straßenböschungen. **Verbreitung:** Europa, Kleinasien, Kaukasus, Nordwestafrika. In Mitteleuropa vor allem in den mittleren und südlichen Teilen; in den Mittelgebirgen bis ca. 400 m, in den Alpen bis 1100 m hoch ansteigend.

Der Gewöhnliche Liguster ist die einzige heimische Art der Gattung *Ligustrum,* die insgesamt 45 Arten umfaßt. Gelegentlich sind in Gärten und Parks auch immergrüne Arten aus Ostasien, vor allem als Heckengehölze angepflanzt. Der Gewöhnliche Liguster ist, zumal in Deutschland, über sein ursprüngliches Verbreitungsgebiet hinaus als Heckenpflanze und zur Begrünung von Straßenrändern und auf Böschungen angepflanzt. Die Blüten werden von Bienen, Hummeln und Fliegen bestäubt. Vögel, vor allem Amseln, Singdrosseln, Misteldrosseln, Wacholderdrosseln und Rotkehlchen, verzehren die Früchte und sorgen damit für eine Verbreitung der Samen.

Liguster»beeren« gelten als giftverdächtig. Über die toxischen Inhaltsstoffe ist noch wenig bekannt. Es handelt sich wohl vor allem um Bitterstoffe, Saponine und Lignanglykoside. Nach dem Verzehr mehrerer Früchte kann es zu Unwohlsein, Bauchschmerzen, Erbrechen und Durchfall kommen. Vergiftungen treten nur selten auf, da die Früchte nicht gut schmecken. In der Rinde ist ein Glykosid, das Syringin enthält. Es diente früher zum Gelbfärben von Wolle. Auch die Zweige des Ligusters wurden früher genutzt: Man verwendete sie zum Flechten von Körben. Dickere Äste bzw. Stämme dienten als Drechslerholz. Das im Kern gelbbraune Holz ist sehr fest und gut bearbeitbar.

Der Gewöhnliche Liguster ist die Wirtspflanze des Ligusterschwärmers *(Sphinx ligustri).* Seine Raupen sind auch an Hecken im städtischen Bereich zu finden.

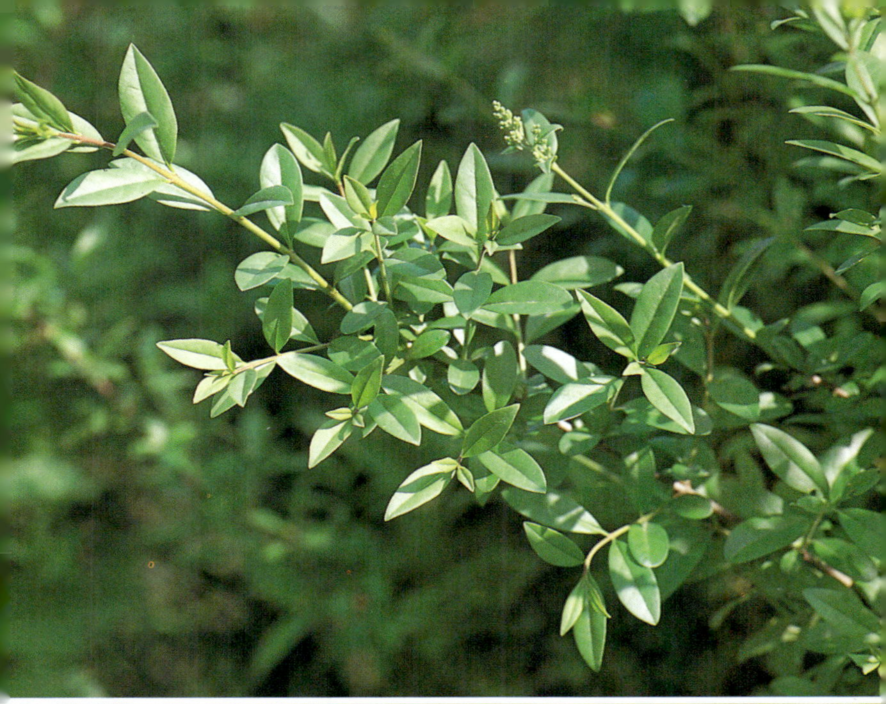
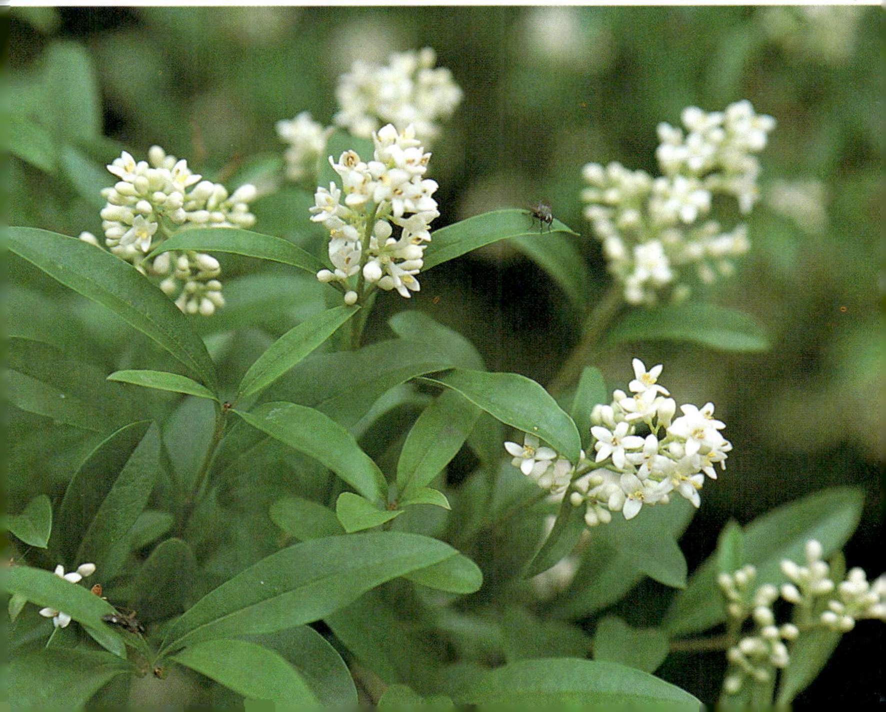

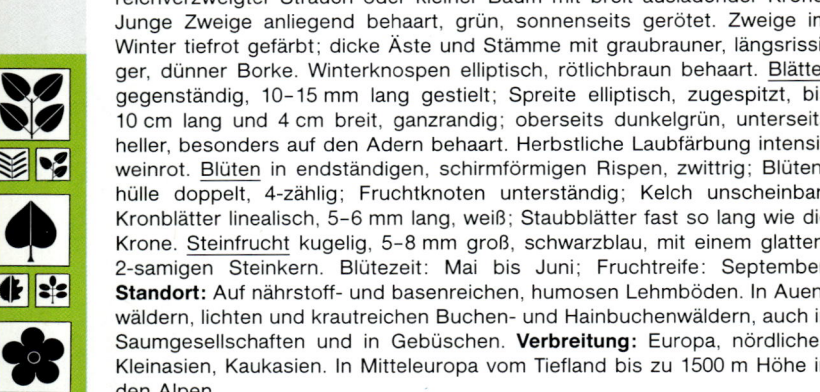

Roter Hartriegel
Cornus sanguinea L.　　　　　F S. 159　　K S. 170

Hartriegelgewächse, Cornaceae. **Merkmale:** Sommergrüner, 1,5–5 m hoher, reichverzweigter Strauch oder kleiner Baum mit breit ausladender Krone. Junge Zweige anliegend behaart, grün, sonnenseits gerötet. Zweige im Winter tiefrot gefärbt; dicke Äste und Stämme mit graubrauner, längsrissiger, dünner Borke. Winterknospen elliptisch, rötlichbraun behaart. Blätter gegenständig, 10–15 mm lang gestielt; Spreite elliptisch, zugespitzt, bis 10 cm lang und 4 cm breit, ganzrandig; oberseits dunkelgrün, unterseits heller, besonders auf den Adern behaart. Herbstliche Laubfärbung intensiv weinrot. Blüten in endständigen, schirmförmigen Rispen, zwittrig; Blütenhülle doppelt, 4-zählig; Fruchtknoten unterständig; Kelch unscheinbar; Kronblätter linealisch, 5–6 mm lang, weiß; Staubblätter fast so lang wie die Krone. Steinfrucht kugelig, 5–8 mm groß, schwarzblau, mit einem glatten, 2-samigen Steinkern. Blütezeit: Mai bis Juni; Fruchtreife: September. **Standort:** Auf nährstoff- und basenreichen, humosen Lehmböden. In Auenwäldern, lichten und krautreichen Buchen- und Hainbuchenwäldern, auch in Saumgesellschaften und in Gebüschen. **Verbreitung:** Europa, nördliches Kleinasien, Kaukasien. In Mitteleuropa vom Tiefland bis zu 1500 m Höhe in den Alpen.

Die Gattung *Cornus* umfaßt 45 Arten; 3 davon sind in Mitteleuropa heimisch. Der Rote Hartriegel ist in der heimischen Flora häufig anzutreffen. Die Blüten haben einen unangenehmen Duft (Trimethylamin). Sie werden von verschiedenen Insekten bestäubt. Vögel sorgen für die Samenverbreitung. Für den Menschen sind die Früchte ungenießbar, aber nicht giftig.

Kornelkirsche
Cornus mas L.　　　B S. 148　　F S. 164　　K S. 170

Hartriegelgewächse, Cornaceae. **Merkmale:** Sommergrüner, 3–6 m hoher Strauch oder kleiner, sparrig verzweigter Baum. Zweige überhängend oder spreizend; junge Triebe fein anliegend behaart; Stämme und dickere Äste mit graubrauner, schuppig abblätternder Borke. Winterknospen länglicheiförmig, Blütenstandsknospen kugelförmig, schon im Herbst angelegt. Blätter gegenständig, 5–10 mm lang gestielt; Spreite eiförmig bis elliptisch, zugespitzt, bis 10 cm lang und 5 cm breit, ganzrandig; beidseitig behaart, oberseits dunkelgrün, unterseits heller, mit Achselbärten. Blüten in 15–20 mm großen Dolden, lange vor dem Laubaustrieb blühend; Blüten kurz gestielt, zwittrig; Blütenhülle doppelt, 4-zählig, gelb; Fruchtknoten unterständig, Kelch unscheinbar; Kronblätter bis 2,5 mm lang, Staubblätter kürzer als die Krone. Steinfrüchte elliptisch, 2 cm lang, leuchtend rot; Steinkern 20 mm lang, 2-samig. Blütezeit: März bis April; Fruchtreife: August bis September. **Standort:** Auf lockeren und humosen Lehm- und Steinböden. In lichten Eichen- und Laubmischwäldern, an Waldsäumen und auf besonnten Hängen. **Verbreitung:** Europa bis Kleinasien und Transkaukasien. In Deutschland im Saar-Mosel-Gebiet, im niedersächsischen Hügelland, im Harz, in Thüringen und im Fränkischen Jura. In den Südalpen bis 1300 m hoch ansteigend.

Die Kornelkirsche ist eines unserer ersten Blütengehölze. Blütenbesucher sind Bienen und Fliegen. Vögel sorgen für die Samenverbreitung. Reife Kornelkirschen sind saftreich und sehr wohlschmeckend. In Südosteuropa und in der Türkei werden sie auf den Märkten angeboten.

Alpen-Heckenkirsche

Lonicera alpigena L. 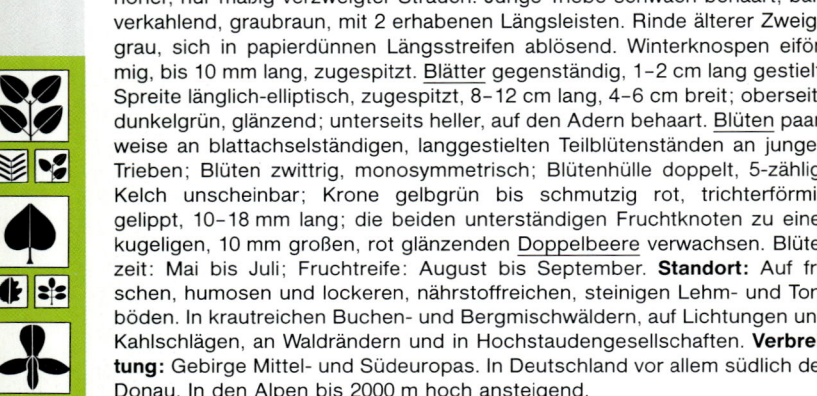 F S. 165

Geißblattgewächse, Caprifoliaceae. **Merkmale:** Sommergrüner, 1–3 m hoher, nur mäßig verzweigter Strauch. Junge Triebe schwach behaart, bald verkahlend, graubraun, mit 2 erhabenen Längsleisten. Rinde älterer Zweige grau, sich in papierdünnen Längsstreifen ablösend. Winterknospen eiförmig, bis 10 mm lang, zugespitzt. Blätter gegenständig, 1–2 cm lang gestielt; Spreite länglich-elliptisch, zugespitzt, 8–12 cm lang, 4–6 cm breit; oberseits dunkelgrün, glänzend; unterseits heller, auf den Adern behaart. Blüten paarweise an blattachselständigen, langgestielten Teilblütenständen an jungen Trieben; Blüten zwittrig, monosymmetrisch; Blütenhülle doppelt, 5-zählig; Kelch unscheinbar; Krone gelbgrün bis schmutzig rot, trichterförmig gelippt, 10–18 mm lang; die beiden unterständigen Fruchtknoten zu einer kugeligen, 10 mm großen, rot glänzenden Doppelbeere verwachsen. Blütezeit: Mai bis Juli; Fruchtreife: August bis September. **Standort:** Auf frischen, humosen und lockeren, nährstoffreichen, steinigen Lehm- und Tonböden. In krautreichen Buchen- und Bergmischwäldern, auf Lichtungen und Kahlschlägen, an Waldrändern und in Hochstaudengesellschaften. **Verbreitung:** Gebirge Mittel- und Südeuropas. In Deutschland vor allem südlich der Donau. In den Alpen bis 2000 m hoch ansteigend.

Die recht unscheinbaren Blüten werden von Bienen und Wespen aufgesucht. Die Verbreitung der Früchte erfolgt durch Vögel. Für den Menschen sind die saftreichen Beeren ungenießbar. Sie gelten als giftverdächtig. Toxische Substanzen sind vor allem Saponine.

Rote Heckenkirsche

Lonicera xylosteum L. F S. 165   K S. 170

Geißblattgewächse, Caprifoliaceae. **Merkmale:** Sommergrüner, 1–3 m hoher, reichverzweigter Strauch. Junge Zweige kurz-weichhaarig, später etwas verkahlend, mit graubrauner Rinde, die sich in Streifen ablöst. Winterknospen schmal-kegelförmig, 6–9 mm lang. Blätter gegenständig, 6–8 mm lang gestielt; Spreite eiförmig bis elliptisch, gerundet oder zugespitzt, 3–6 cm lang, 2–4 cm breit; beidseitig schwach anliegend behaart. Blüten paarweise blattachselständig an jungen Trieben; Teilblütenstände 15–20 mm lang gestielt; Einzelblüten sitzend, zwittrig, weiß; Blütenhülle doppelt, 5-zählig; Kelch unscheinbar; Krone monosymmetrisch, 10–15 mm lang, gelippt, mit trichterförmiger Röhre, Oberlippe 4-zipfelig, Unterlippe ungeteilt; Staubblätter so lang wie die Krone; Fruchtknoten unterständig, drüsig behaart. Beere saftreich, kugelig, 5–7 mm groß, glänzend rot, meist mit 4 Samen. Blütezeit: Mai bis Juni; Fruchtreife: August bis September. **Standort:** Auf frischen, humosen, tiefgründigen Lehm- und Tonböden. In krautreichen Eichen-, Eichen-Hainbuchen-, Buchen- und Nadelmischwäldern, lichten Kiefernwäldern, an Waldsäumen, auf Lichtungen und in Gebüschen. **Verbreitung:** Europa, Westsibirien, Nordanatolien, Kaukasus. In Mitteleuropa vom Tiefland bis zu 2000 m Höhe in den Alpen.

Die Blüten der Roten Heckenkirsche werden durch Hummeln bestäubt. Vögel, namentlich Amseln, Drosseln, Garten- und Mönchsgrasmücken, verzehren die Früchte und sorgen für die Samenverbreitung. Für den Menschen sind die Früchte ungenießbar. Sie enthalten den Bitterstoff Xylostein und Saponine. Verzehr in größeren Mengen kann Erbrechen, Leibschmerzen und Durchfall hervorrufen.

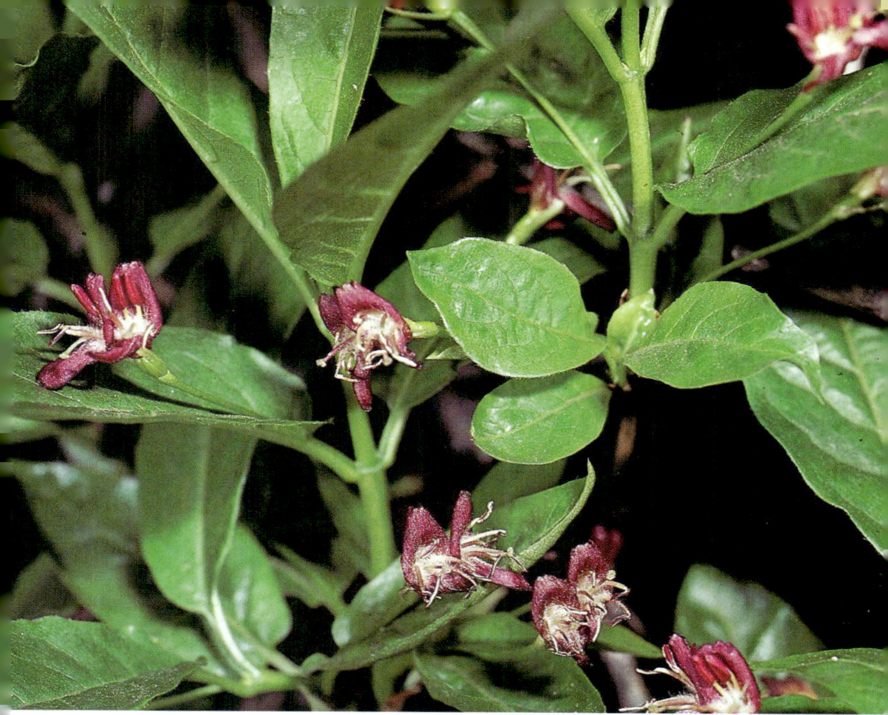

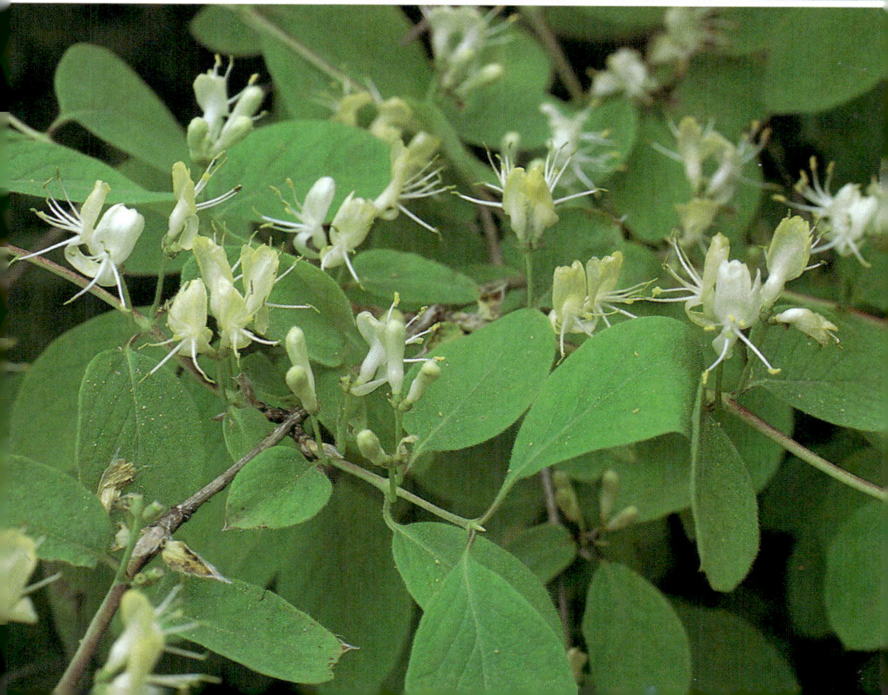

Wald-Geißblatt
Lonicera periclymenum L.  F S. 165

Geißblattgewächse, Caprifoliaceae. **Merkmale:** Sommergrüner, über 5 m hoch kletternder, rechtswindender Schlingstrauch. Junge Triebe hellbraun, anfangs behaart. Winterknospen länglich-eiförmig, 3–8 mm lang. Blätter gegenständig, sitzend oder kurz gestielt; Spreite eiförmig bis schmal-elliptisch, 5–8 cm lang, 1,5–5 cm breit; oberseits dunkelgrün, kahl; unterseits bläulichgrün; Blattrand bewimpert. Blüten an den Enden junger Kurztriebe in köpfchenartigen Ständen, zwittrig; Blütenhülle doppelt, 5-zählig; Kelch unscheinbar; Krone monosymmetrisch, 3,5 cm lang; Kronröhre schwach gebogen, 15–25 mm lang, Oberlippe 2 cm lang, 4-lappig, Unterlippe ungeteilt; Staubblätter so lang wie die Lippen; Fruchtknoten unterständig, kahl oder drüsig behaart. Frucht eine kugelige, 7–8 mm große, dunkelrote, glänzende Beere mit mehreren abgeflachten Samen. Blütezeit: Mai bis August; Fruchtreife: August bis September. **Standort:** Auf feuchten, nährstoff- und kalkarmen, humosen Lehmböden. In Eichen-, Eichen-Hainbuchen- und Birkenwäldern, Gebüschen, Hecken, auf Kahlschlägen und in jungen Schonungen. **Verbreitung:** Europa, Nordwestafrika. In Mitteleuropa allgemein verbreitet, vom Tiefland bis in Höhenlagen von 800 m.

Die Gattung *Lonicera* umfaßt 200 Arten, von denen 5 in Mitteleuropa heimisch sind. Das Wald-Geißblatt ist eine Nachtfalter- oder Schwärmerblume. Die Blüten öffnen sich erst in den Abendstunden, in denen sie auch besonders intensiv duften. Die Beeren werden von Vögeln gefressen. Für den Menschen sind die Früchte ungenießbar. Sie enthalten Saponine. Verzehr mehrerer Früchte kann Erbrechen, Leibschmerzen und Durchfall zur Folge haben.

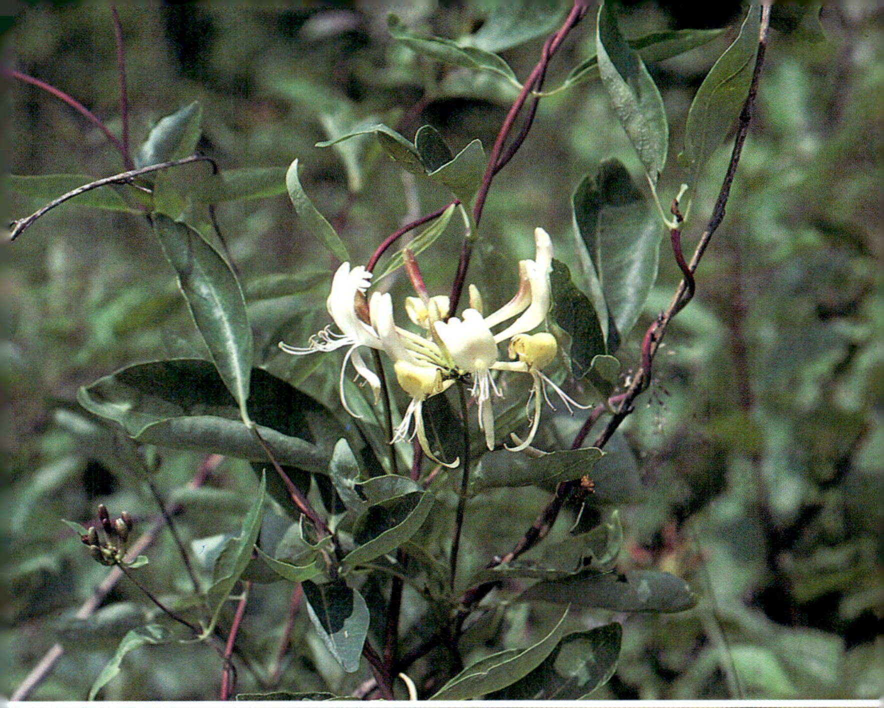
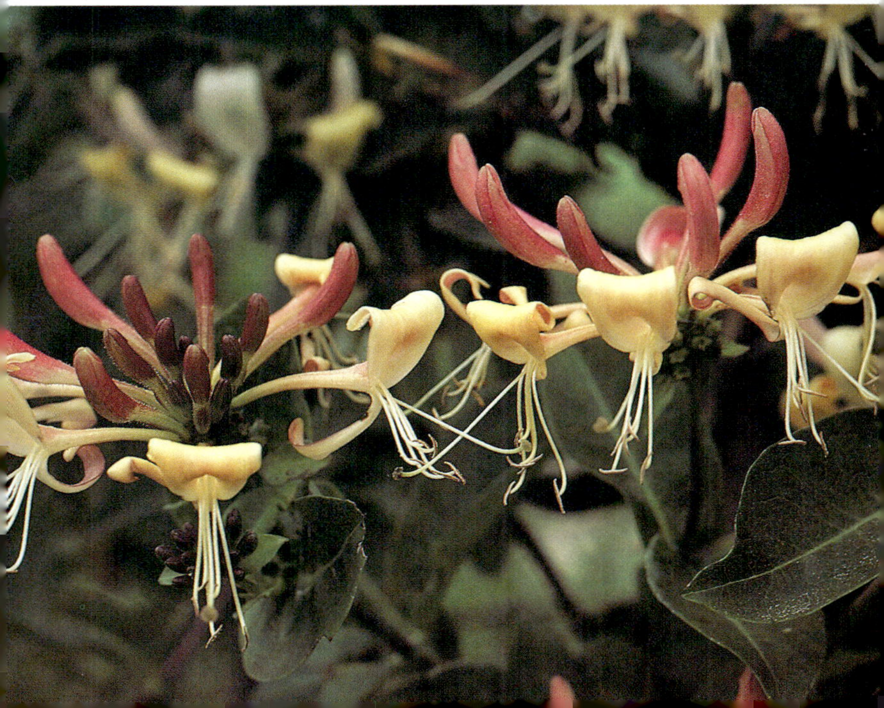

Wolliger Schneeball
Viburnum lantana L. ⬚F⬚ S. 160 ⬚K⬚ S. 170

Geißblattgewächse, Caprifoliaceae. **Merkmale:** Sommergrüner, reich verzweigter, 1–3 m hoher Strauch. Junge Zweige dicht filzig behaart, graubraun. Winterknospen ohne Knospenschuppen. Blätter gegenständig,
1–2 cm lang gestielt; Spreite breit-eiförmig bis länglich-eiförmig, beidendig
gerundet, lederig; oberseits runzelig, dunkelgrün, schwach behaart oder
kahl; unterseits mit erhabenem Adernetz, filzig, graubraun. Blüten in endständigen, 5–10 cm breiten, filzig-behaarten Schirmrispen; Knospenstände
schon im Herbst ausgebildet; Blüten zwittrig; Blütenhülle doppelt, 5-zählig;
Kelch unscheinbar; Krone kurzglockig, weiß, 6–8 mm breit; Staubblätter die
Krone etwas überragend; Fruchtknoten unterständig, zu einer 1-kernigen,
1-samigen, 7–8 mm langen, seitlich abgeflachten Steinfrucht auswachsend.
Frucht anfangs grün, später gelblichweiß, rot und zur Reife schwarz; Steinkern elliptisch, 6–7 mm lang; Fruchtfleisch mehlig-fleischig. Blütezeit: Mai
bis Juni; Fruchtreife: August bis September. **Standort:** Auf nährstoff- und
basenreichen, meist kalkhaltigen, steinigen und sandigen Lehmböden. In
lichten Eichen- und Kiefernwäldern, an Waldsäumen und in Gebüschen.
Eine Charakterpflanze sommerwarmer Saumgesellschaften. **Verbreitung:**
Europa, Nordanatolien, Kaukasus. In Deutschland vom Tiefland bis in mittlere Gebirgslagen; in den Alpen im Wallis bis 1900 m hoch ansteigend.
Die intensiv duftenden Blüten werden von Fliegen, Käfern und Bienen
besucht. Vögel, vor allem Amseln, Singdrosseln, Rotkehlchen und Sei-
denschwänze verbreiten die Samen. Für den Menschen sind die Früchte
ungenießbar und gelten als giftverdächtig. Sie enthalten Saponine.

Gewöhnlicher Schneeball
Viburnum opulus L. ⬚F⬚ S. 166 ⬚K⬚ S. 168

Geißblattgewächse, Caprifoliaceae. **Merkmale:** Sommergrüner, bis 4 m
hoher, reichverzweigter Strauch oder kleiner Baum. Junge Triebe kahl, grau
oder graubraun; Rinde älterer Äste schuppig, graubraun. Winterknospen
rundlich-eiförmig, bis 10 mm lang, Endknospe fehlend. Blätter gegenständig, 2–3 cm lang gestielt, Stiel kurz unterhalb der Spreite mit 3–5 napfförmi-
gen Nektardrüsen; Spreite 3- bis 5-lappig, 8–12 cm lang, bis 8 cm breit;
oberseits dunkelgrün, kahl; unterseits flaumig behaart. Blüten in endständigen, bis 10 cm breiten Schirmrispen an jungen Kurztrieben; Blütenhülle
doppelt, 5-zählig; Randblüten unfruchtbar, 15–25 mm breit, weiß; fruchtbare
Blüten zwittrig, 4–5 mm breit, gelblichweiß; Staubblätter die Krone überragend; Fruchtknoten unterständig, zu einer kugeligen, 10 mm großen, leuchtend roten Steinfrucht auswachsend. Fruchtfleisch saftig; Steinkern
6–9 mm groß, abgeflacht. Blütezeit: Mai bis Juni; Fruchtreife: August bis
September. **Standort:** Auf nährstoff- und basenreichen, humosen Lehm-
und Tonböden. In Auenwäldern, an Waldrändern, in Hecken und Gebüschen. **Verbreitung:** Europa, West- und Nordasien, Kaukasus, Nordwestafrika. In Mitteleuropa vom Tiefland bis zu 1700 m Höhe in den Alpen.
Die Gattung *Viburnum* umfaßt 200 Arten, die vorwiegend in Ostasien und
Nordamerika verbreitet sind. In Mitteleuropa sind 2 Arten heimisch. Die Blü-
ten des Gewöhnlichen Schneeballs werden von Fliegen, Käfern und
Schmetterlingen bestäubt. Die Früchte sind ungenießbar und sehr sauer.
Sie gelten als giftverdächtig. Auch die heimischen Vögel verschmähen die
Früchte weitgehend.

Purgier-Kreuzdorn

Rhamnus catharticus L. F S. 159

Kreuzdorngewächse, Rhamnaceae. **Merkmale:** Sommergrüner, sparrig-verzweigter, 2–3 m hoher, dornig bewehrter Strauch. Zweige grau bis graubraun, kreuz-gegenständig verzweigt (Name!), häufig in Dornen endend. Stämme mit schwarzbrauner Ringelborke. Winterknospen länglich-eiförmig, 5–8 mm lang. Blätter gegenständig, 1–3 cm lang gestielt; Spreite eiförmig, kurz zugespitzt, 3–7 cm lang, 1–3 cm breit; oberseits tiefgrün, kahl; unterseits heller und auf den Adern behaart; Blattrand fein gesägt. Blüten in wenigblütigen Scheindolden, 10 mm lang gestielt, eingeschlechtig; Pflanzen einhäusig; Blütenhülle doppelt, 4-zählig; Kelch unscheinbar; Kronblätter schmal-lanzettlich, 5–6 mm lang, gelbgrün; männliche Blüten mit 4 Staubblättern; weibliche Blüten mit einem frei im Blütenbecher stehenden Fruchtknoten. Steinfrucht kugelig, schwarzviolett, 6–8 mm groß, saftig, mit 2–4, etwa 5 mm großen, 1-samigen Steinkernen. Blütezeit: Mai bis Juni; Fruchtreife: September bis Oktober. **Standort:** Auf basenreichen, humosen, steinigen Lehmböden oder Steinböden. In Auenwäldern, feuchten Laubmischwäldern, lichten Kiefernwäldern, an Waldsäumen und in Gebüschen. **Verbreitung:** Europa, Westsibirien, Kaukasus, Nordpersien, Nordwestafrika. In Mitteleuropa vom Tiefland bis zu 1600 m Höhe in den Alpen.

Von den 110 Arten der Gattung *Rhamnus* sind 4 in Mitteleuropa heimisch. Die Blüten des Purgier-Kreuzdornes werden von Insekten bestäubt, die Früchte von Vögeln verbreitet. Die Steinfrüchte sind giftig! Sie enthalten Anthraglykoside. Verzehr ruft drastischen Durchfall und Erbrechen hervor. Die Früchte liefern die Droge »Fructus Rhamni catharticae«. Auch die Rinden werden als Abführdroge genutzt.

Die Früchte fanden auch Verwendung in der Färberei. Sie enthalten das wasserunlösliche Rhamnetin, das in Verbindung mit bestimmten Metallsalzen lichtechte und beständige Farben bildet. Wolle, Baumwolle, aber auch Leder und Papier konnten damit gelb, orange, rotbraun oder olivgrün gefärbt werden.

Das feste und schwere Holz ist sehr dauerhaft, im schmalen Splint gelblichgrau, im Kern rötlichgelb bis rot gefärbt. Es fand früher vor allem in der Möbelschreinerei Verwendung. Das schön gemaserte Holz des Wurzelstokkes war ein sehr geschätztes Drechslerholz.

Der Purgier-Kreuzdorn ist der Zwischenwirt eines Pilzes, des Hafer-Kronenrostes *(Puccinia coronifera)*. Die Sommersporen bilden kleine, rötlichgelbe, strichförmige Lager, um die sich später kranzartig schwarze Wintersporen legen. In den Haferanbaugebieten wurde der Purgier-Kreuzdorn daher meist entfernt.

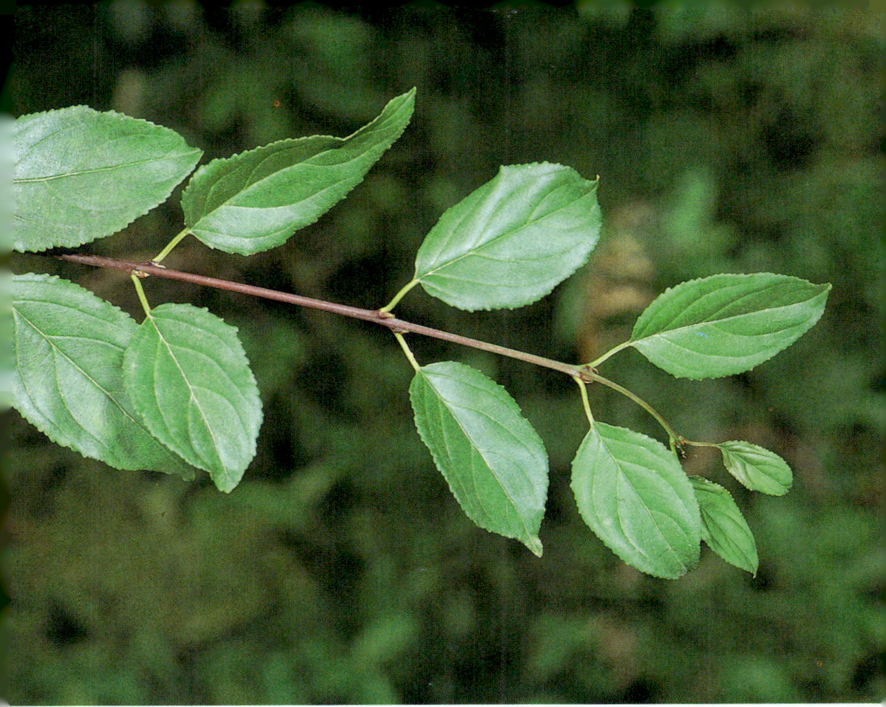

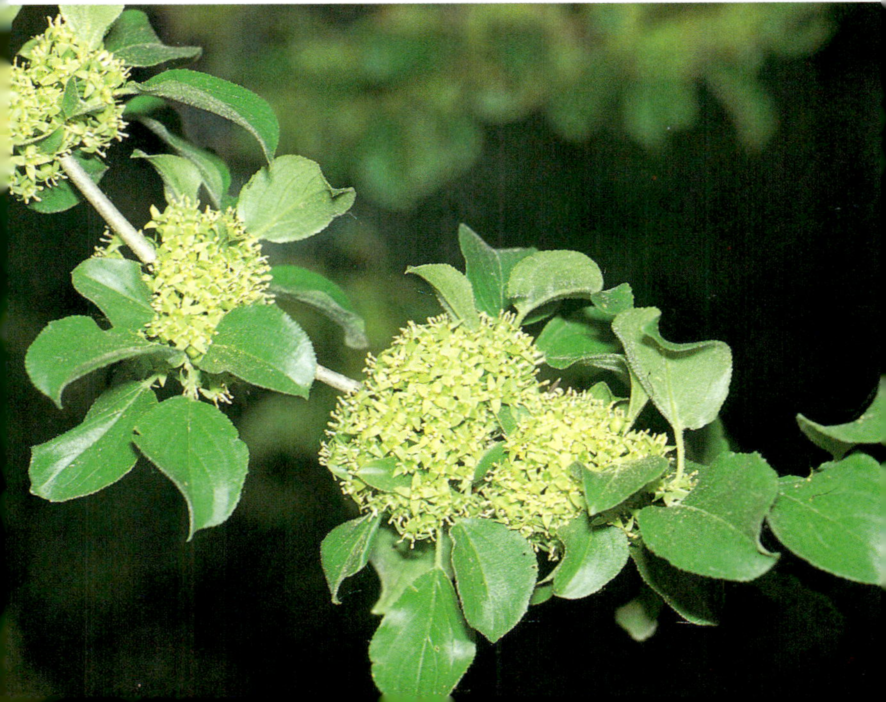

Berg-Ahorn

Acer pseudoplatanus L.   □F□ S. 155   □K□ S. 169   □R□ S. 185

Ahorngewächse, Aceraceae. **Merkmale:** Sommergrüner, bis 30 m hoher Baum mit breiter, dichter Krone. Stamm meist nur kurz, bald in dicke Äste übergehend; Borke silbrig bis graubraun, sich in Schuppen ablösend. Junge Zweige olivgrün, später dunkel- bis rotbraun. Winterknospen eiförmig, bis 10 mm groß. Blätter gegenständig, 3–15 cm lang gestielt; Spreite 5-lappig, bis 20 cm lang und ebenso breit, bis zur Hälfte eingeschnitten; oberseits dunkelgrün; unterseits heller, grau behaart, mit bräunlich-wolligen Achselbärten. Herbstfärbung goldgelb. Blüten mit den Blättern erscheinend, in traubenartigen, hängenden Rispen; in einem Blütenstand sowohl zwittrige als auch eingeschlechtige Blüten; Blüten 5-zählig, Blütenhülle doppelt, freiblättrig; Kelch und Krone sehr ähnlich, 2,5–5 mm lang, gelbgrün; Staubblätter 8; Fruchtknoten oberständig, weißzottig. Früchte kahl, spitzenwärts breit geflügelt; äußere Flügelränder der beiden Teilfrüchte einen rechten bis spitzen Winkel bildend; Teilfrucht 3,5–4,5 cm lang, bis 15 mm breit. Blütezeit: April bis Mai; Fruchtreife: September bis Oktober. **Standort:** Auf tiefgründigen, humus- und nährstoffreichen Lehmböden. In Schlucht-, Linden-Ahorn- und Buchenmischwäldern; nie Reinbestände bildend. **Verbreitung:** Europa. In Mitteleuropa vor allem in den Mittelgebirgen; in den Alpen bis 1650 m hoch ansteigend.

Der Berg-Ahorn zählt zu den stattlichsten heimischen Laubgehölzen. Anhand der Borke ist er auch unbelaubt leicht erkennbar. Die Stämme können über 3 m dick werden. Mit 20–30 Jahren erlangt der Berg-Ahorn Blühreife. Er erreicht ein Alter von 500 Jahren. Die Blüten werden durch Insekten bestäubt, die Teilfrüchte durch den Wind verbreitet.

Burgen-Ahorn, Französischer Ahorn

Acer monspessulanum L.   □F□ S. 155

Ahorngewächse, Aceraceae. **Merkmale:** Sommergrüner, reich verzweigter, 3–10 m hoher Baum. Stamm selten gerade wachsend; Borke dünn, längsrissig gefeldert, sich in kleinen Schuppen ablösend. Junge Zweige kahl, braun, Rinde später graubraun; Äste sparrig verzweigt. Winterknospen eiförmig, 3–4 mm lang, braun. Blätter gegenständig, lederig-derb, 2–6 cm lang gestielt; Spreite 3-lappig, 3–6 cm lang, 4–7 cm breit; oberseits dunkelgrün, kahl und glänzend; unterseits graugrün, anfangs weich behaart, mit hellen Achselbärten. Herbstfärbung gelb, selten orangegelb. Blüten mit den Blättern erscheinend, in doldenartigen, hängenden Rispen; Blüten 1–4 cm lang gestielt; Blütenhülle doppelt, 5-zählig, freiblättrig; Kelch und Krone fast gleichartig, 4–6 mm lang, gelbgrün; in einem Blütenstand sowohl zwittrige als auch eingeschlechtige Blüten; Staubblätter 8; Fruchtknoten oberständig. Frucht eine 2-teilige Flügelnuß, zur Reife in 2 Teilfrüchte zerfallend; Teilfrüchte bis 2,5 cm lang, 5–9 mm breit, geflügelt. Blütezeit: April bis Mai; Fruchtreife: September. **Standort:** Auf nährstoff- und basenreichen, steinigen, flach- bis mittelgründigen Lehmböden. Auf sommerwarmen und sommertrockenen Felshängen und in Trockengebüschen. **Verbreitung:** Mittelmeergebiet, Kleinasien, Nordpersien, Turkestan. In Deutschland nur am Mittelrhein, im Mosel-, Nahe- und Maingebiet. Von der Hügelstufe bis in mittlere Gebirgslagen.

Die Gattung *Acer* umfaßt etwa 200 Arten, die vor allem in der nördlich gemäßigten Zone vorkommen. In Mitteleuropa sind 5 Arten vertreten.

Feld-Ahorn
Acer campestre L. $\boxed{F}$ S. 155 $\boxed{K}$ S. 169

Ahorngewächse, Aceraceae. **Merkmale:** Sommergrüner, reichverzweigter, 10–15 m hoher Baum mit rundlicher Krone. Stammborke fast rechteckig gefeldert, sich in dünnen Schuppen lösend. Junge Zweige mit Milchsaft, olivgrün bis rotbraun; Rinde später längsrissig, graubraun, mitunter mit flügelartigen Korkleisten. Äste sparrig verzweigt. Winterknospen eiförmig, 2–4 mm groß. Blätter gegenständig, 2–7 cm lang gestielt; Spreite mit 3–5 Lappen, 5–8 cm lang, 5–10 cm breit, zu einem Drittel oder bis zur Hälfte eingeschnitten. Lappen schwach gekerbt; Blätter oberseits verkahlend, dunkelgrün; unterseits graugrün, fein behaart, mit deutlichen Achselbärten. Herbstfärbung gelb bis goldgelb. Blüten mit den Blättern erscheinend, in 10- bis 20-blütigen Rispen, 5-zählig; Blütenhülle doppelt; in einem Blütenstand sowohl zwittrige als auch eingeschlechtige Blüten, 10–15 mm lang gestielt; Kelch und Krone fast gleichartig, 3–4 mm lang, gelbgrün; Staubblätter 8, so lang wie die Krone; Fruchtknoten oberständig, sich zu einer 2-flügeligen Nußfrucht entwickelnd; Teilfrüchte 2,5–3 cm lang, 6–10 mm breit. Blütezeit: Mai; Fruchtreife: September bis Oktober. **Standort:** Auf nährstoff- und basenreichen, feuchten bis wechseltrockenen Lehmböden. In krautreichen Eichen-Hainbuchen-Mischwäldern, Buchen- und Auenwäldern, an Feldrainen und Waldrändern. **Verbreitung:** Europa bis Nordpersien, Nordafrika. Vom Tiefland bis 1000 m Höhe in den Alpen.
Der Feld-Ahorn ist ein raschwüchsiges Pioniergehölz auf Brachen, Straßenböschungen und an Wegrändern. Mit 15–20 Jahren erlangen die Bäume ihre Blühfähigkeit. Der Feld-Ahorn kann 150 Jahre alt werden.

Spitz-Ahorn
Acer platanoides L. $\boxed{B}$ S. 148 $\boxed{F}$ S. 155 $\boxed{K}$ S. 169 $\boxed{R}$ S. 185

Ahorngewächse, Aceraceae. **Merkmale:** Sommergrüner, 20–30 m hoher, breitkroniger Baum mit meist kurzem Stamm und mächtigen Ästen. Borke längsrissig, gerippt, dunkelbraun bis schwarz. Junge Zweige braun, kahl. Winterknospen eiförmig, gerundet oder zugespitzt, 3–10 mm lang. Blätter gegenständig, 3–20 cm lang gestielt; Spreite 5-lappig, bis 15 cm lang und 20 cm breit; Lappen weit bogig gezähnt, jederseits mit 1–2 Zähnen; oberseits dunkelgrün, glänzend, kahl; unterseits heller, auf den Adern behaart. Herbstfärbung intensiv goldgelb bis tiefrot. Blüten vor den Blättern erscheinend, in 4–8 cm langen Rispen, 5-zählig; Blütenhülle doppelt; in einem Blütenstand sowohl zwittrige als auch eingeschlechtige Blüten, 1–2 cm lang gestielt, 10–12 mm groß; Kelch und Krone sehr ähnlich gestaltet, 4–7 mm lang, gelbgrün bis blaßgelb; Staubblätter 8; Fruchtknoten oberständig, zu einer 2-teiligen Flügelnuß auswachsend; Teilfrüchte 4–5 cm lang, bis 15 mm breit. Blütezeit: April bis Mai; Fruchtreife: Oktober. **Standort:** Auf tiefgründigen, feuchten, nährstoff- und basenreichen Lehm- und Steinschuttböden. In Buchen-, Schlucht- und Laubmischwäldern sowie im Eichen-Ulmen-Auenwald. **Verbreitung:** Europa, Kleinasien, Kaukasus, Nordpersien. In Mitteleuropa vom Tiefland bis in Gebirgslagen um 1000 m.
Die Blüten des Spitz-Ahorns werden von Bienen bestäubt. Die Verbreitung der Früchte erfolgt durch den Wind. Mit etwa 20 Jahren erlangen junge Bäume Blühreife. Der Spitz-Ahorn kann 150 Jahre alt werden. Das wertvolle, harte, schwere und feinfaserige Holz wird für Möbel, Tischplatten und Musikinstrumente verwendet.

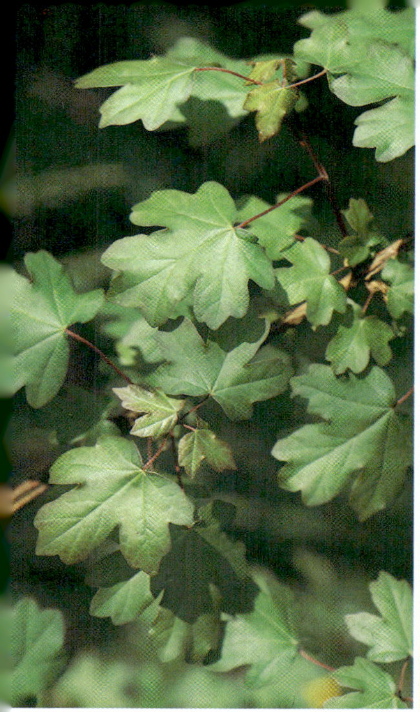

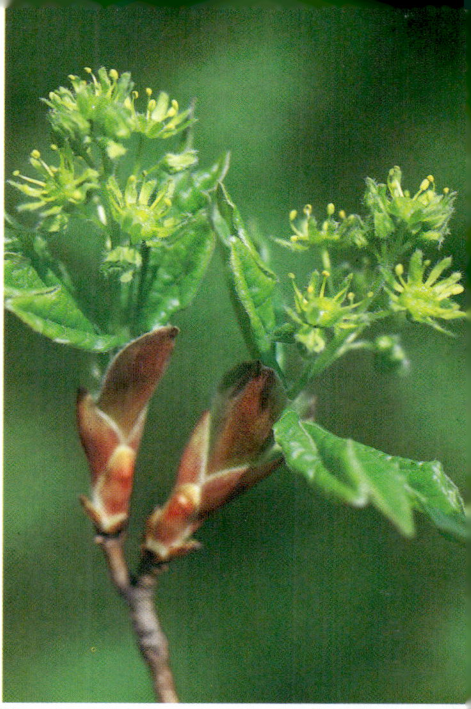

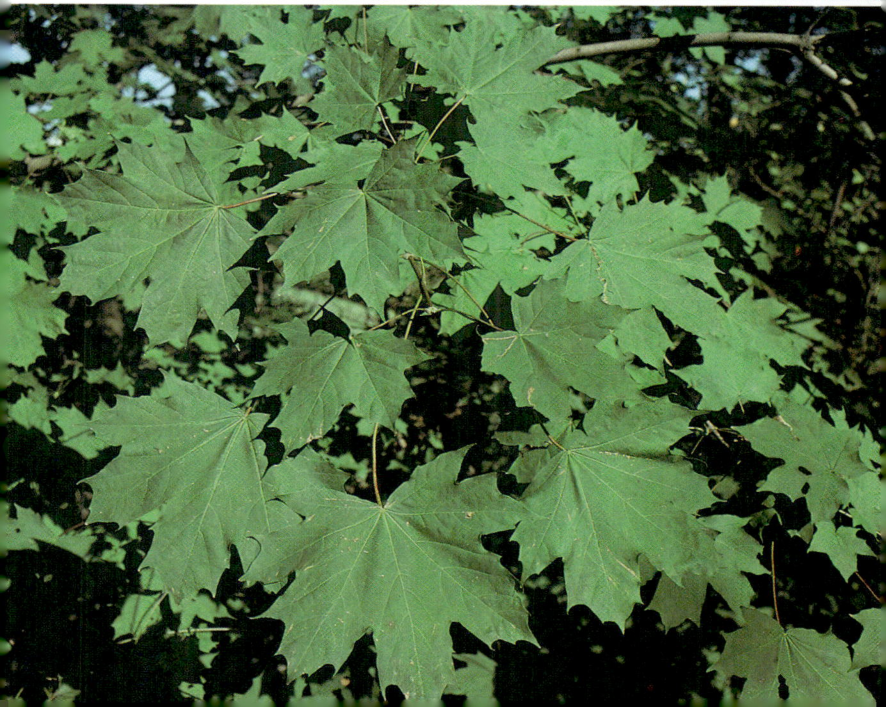

Schwarzer Holunder
Sambucus nigra L.   F S. 160   K S. 168   R S. 186

Geißblattgewächse, Caprifoliaceae. **Merkmale:** Sommergrüner, 5–7 m hoher, reichverzweigter Strauch oder bis 10 m hoher, breit ausladender Baum mit überhängenden Zweigen. Borke längsrissig, graubraun, sich in Streifen ablösend. Junge Zweige kahl, graubraun, mit weißem Mark. Winterknospen breit-eiförmig, meist nicht fest geschlossen. Blätter gegenständig, unpaarig gefiedert, 10–30 cm lang, mit meist 5 elliptischen, lang zugespitzten, 6–10 cm langen, 3–4 cm breiten Fiedern; oberseits tiefgrün, kahl; unterseits heller, anfangs behaart; Blattgrund mit nebenblattartigen Anhängseln, die eine Nektardrüse tragen. Blüten in endständigen, 10–15 cm breiten Schirmrispen, zwittrig, 5-zählig; Blütenhülle doppelt; Kelch unscheinbar; Krone 6–9 mm lang, flach ausgebreitet, weiß oder gelblichweiß; Fruchtknoten unterständig. Steinfrüchte kugelig, 5–6 mm groß, saftreich, fast schwarz, glänzend, meist mit 3 Steinkernen. Fruchtstandsachsen und Fruchtstiele zur Fruchtreife purpurn gefärbt. Blütezeit: Juni; Fruchtreife: August bis September. **Standort:** Auf frischen, nährstoffreichen, tiefgründigen Ton- und Lehmböden. In feuchten Wäldern und Gebüschen, an Straßen- und Wegrändern, an Feldrainen. Häufig in Siedlungsnähe. **Verbreitung:** Europa, Nordanatolien, Kaukasus. Vorwiegend im Tiefland und in mittleren Gebirgslagen; in den Alpen bis 1500 m hoch ansteigend.
Die Blüten des Schwarzen Holunders werden von Insekten bestäubt. Amseln, Drosseln, Stare und Mönchsgrasmücken, aber auch Säugetiere verbreiten die Früchte. Holunder»beeren« enthalten viel Zucker, Kalium und Vitamin C. Rohe Früchte sollten nicht verzehrt werden, da die Samen brechreizerregende und abführend wirkende Stoffe enthalten. Früchte werden zu Saft und Marmelade verarbeitet.

Trauben-Holunder
Sambucus racemosa L.   F S. 166   K S. 168

Geißblattgewächse, Caprifoliaceae. **Merkmale:** Sommergrüner, schwach verzweigter, 1,5–4 m hoher Strauch. Junge Zweige hellbraun, kahl, mit gelbbraunem Mark; Rinde später grau- bis rotbraun. Winterknospen eiförmig bis kugelig, 10 mm lang; Blätter gegenständig, unpaarig gefiedert, 10–25 cm lang; Fiedern meist 5, lanzettlich, lang zugespitzt, 5–8 cm lang; oberseits kahl, dunkelgrün; unterseits heller und flaumig behaart. Blüten in 5–10 cm langen Rispen, zwittrig; Blütenhülle doppelt, 5-zählig; Kelch unscheinbar; Krone 4–5 mm breit; Staubblätter kürzer als die Krone; Fruchtknoten unterständig. Steinfrucht leuchtend rot, kugelig, 4–5 mm groß, mit meist 3 Steinkernen. Blütezeit: April bis Mai; Fruchtreife: Juli bis August. **Standort:** Auf nährstoffreichen, frischen, meist kalkarmen, steinigen Lehmböden. In Schlucht- und Bergwäldern, artenreichen Laubmischwäldern, an Waldsäumen, auf Kahlschlägen und Waldlichtungen. **Verbreitung:** Mitteleuropa, nördliches Südeuropa, Westasien. Verbreitet in der Hügel- und Bergstufe. In den Alpen bis 2350 m hoch aufsteigend.
Von der Gattung *Sambucus,* die etwa 40 Arten umfaßt, kommen bei uns 3 Arten vor. Eine davon, der Attich *(Sambucus ebulus)* ist eine Staude.
Die Blüten des Trauben-Holunders werden von Insekten bestäubt. Die Verbreitung der Früchte erfolgt durch Vögel. Das Fruchtfleisch ohne Kerne (!) ist genießbar und reich an Vitaminen. 100 g enthalten 25–65 mg Vitamin C. Aus den Früchten lassen sich Mus, Gelee und Marmelade bereiten.

Gewöhnliche Waldrebe

Clematis vitalba L.

F S.157

Hahnenfußgewächse, Ranunculaceae. **Merkmale:** Sommergrüne, bis 30 m hoch kletternde Liane. Junge Sprosse kantig-gerieft, anfangs grün, später braun, hohl. Ältere Sprosse bis 3 cm dick, mit graubrauner, sich in langen Streifen ablösender Borke. Blätter gegenständig, 4–6 cm lang gestielt, unpaarig gefiedert; Fiedern ganzrandig oder grob gesägt, die unteren mitunter gelappt, 3–5 cm lang, 2–5 cm breit. Blüten in blattachselständigen, rispigen Ständen, zwittrig, lang gestielt; Blütenblätter 4, gelblichweiß, 7–8 mm lang; Staubblätter zahlreich, etwas kürzer als die Krone; Fruchtblätter frei, nicht miteinander verwachsen, die Griffel sich später streckend und zu einem behaarten Flugorgan auswachsend. Blütezeit: Juni bis September; Fruchtreife: Oktober. **Standort:** Auf nährstoff- und basenreichen, oft kalkhaltigen, feuchten Lehm- und Auenböden. Stickstoffzeigerpflanze. In Auenwäldern, an feuchten Waldrändern, auf halbschattigen Hängen und in wechseltrockenen Laubmischwäldern. **Verbreitung:** Von West- und Mitteleuropa bis zum Kaukasus. In Mitteleuropa verbreitet und häufig; vom Tiefland bis zu 1500 m Höhe in den Alpen.

Die Gewöhnliche Waldrebe ist die häufigste heimische Liane. Wie alle Kletterpflanzen vermag sie nicht aus eigener Kraft aufrecht zu wachsen, sondern benötigt ein Stützgerüst, d.h. Bäume. Mit Hilfe der Blätter – sowohl der Blattstiel als auch die Fiederstiele und die Blattspindel können bei Berührung Krümmungsbewegungen ausführen – vermag sie bis in die Wipfel hoher Bäume aufzusteigen und ganze Bäume oder Baumgruppen mit ihren Zweigen zu überziehen. Nicht selten sterben diese Bäume infolge Lichtmangel ab oder brechen unter der Last des Laubwerkes zusammen.

Junge Waldreben sind lichtbedürftige Pflanzen, die sich vor allem an Waldsäumen gut entwickeln. Die Blüten bilden reichlich Pollen, hingegen kaum Nektar. Blütenbesucher sind meist Fliegen. Die im Herbst reifen Früchte fallen nicht ab, sondern bleiben den Winter über an der Pflanze. Erst im Frühjahr werden sie vom Wind abgelöst und verbreitet, wobei der behaarte Griffel als Flugorgan dient.

Die Gewöhnliche Waldrebe ist giftig. Alle Pflanzenteile sind schwach saponinhaltig und weisen Protoanemonin auf, einen Stoff, der Hautreizungen auslösen kann.

Die Gattung *Clematis* unterscheidet sich von allen anderen Hahnenfußgewächsen durch die gegenständigen Blätter. Von den insgesamt 400 Arten sind in Mitteleuropa 6 heimisch. Neben Lianen gibt es auch krautige Vertreter. In unseren Gärten werden meist großblütige Hybriden angepflanzt, die sich im Aussehen sehr von der Gewöhnlichen Waldrebe unterscheiden.

Am Ende einer Vegetationsperiode fallen nicht alle Blätter ab: Die der Haftung dienenden Blätter oder Blatteile mit Rankenfunktion verholzen und ermöglichen der Pflanze somit über Jahre hinweg einen festen Halt.

Gewöhnliche Roßkastanie

Aesculus hippocastanum L. [F] S. 153 [K] S. 168 [R] S. 186 [S] S. 20

Roßkastaniengewächse, Hippocastanaceae. **Merkmale:** Sommergrüner, bis 25 m hoher Baum mit kurzem Stamm, starken Ästen, asymmetrischer Krone und überhängenden Zweigen. Junge Triebe bis 2 cm dick, graubraun bis braun, mit zahlreichen, auffälligen Korkwarzen. Borke graubraun, sich in dicken Schuppen ablösend. Winterknospen eiförmig, klebrig; Endknospe bis 3,5 cm lang, viel größer als die seitlichen Knospen. Blätter gegenständig, fingerförmig gefiedert, mit langem, dicken Stiel; Fiedern 5–7, länglich verkehrt-eiförmig, 10–20 cm lang, Blattrand doppelt gesägt; Spreite oberseits dunkelgrün; unterseits heller, auf den Adern behaart. Herbstfärbung gelb. Blüten in endständigen, aufrechten, kegelförmigen, 20–30 cm langen Scheinrispen, 2 cm groß, monosymmetrisch, zwittrig oder männlich; Blütenhülle doppelt, 5-zählig; Kelch glockig; Kronblätter eiförmig, lang genagelt, weiß, die beiden oberen mit gefärbten Saftmalen; Staubblätter 7, die Krone überragend; Fruchtknoten oberständig, zu einer 3-fächerigen, 5–6 cm großen, bestachelten, grünen Kapsel auswachsend. Samen 1–3, glänzend dunkelbraun, mit großem weißen Nabel. Blütezeit: April bis Mai; Fruchtreife: September bis Oktober. **Standort:** Auf nährstoffreichen, tiefgründigen, humosen Sand- und Lehmböden. In artenreichen Eichenmischwäldern, Berg- und Schluchtwäldern. In Mitteleuropa nur angepflanzt oder verwildert. **Verbreitung:** Nördliche Balkan-Halbinsel: Albanien, Südjugoslawien, Ostbulgarien, Nordgriechenland. Am natürlichen Standort in Höhenlagen von 380–1300 m.

Die Gattung *Aesculus* umfaßt 13 Arten, die in Nordamerika, Süd- und Ostasien sowie in Südosteuropa beheimatet sind. Die Gewöhnliche Roßkastanie ist in Mitteleuropa nicht heimisch. Ende des 16. Jahrhunderts gelangte sie nach Europa. Da die ersten Samen aus Konstantinopel kamen – 1576 nach Wien, 1612 nach England, 1615 nach Frankreich, 1633 nach den Niederlanden – vermutete man ihre Heimat lange in der Türkei. Erst 1879 wurden natürliche Bestände in Nordgriechenland, 1907 auch in Bulgarien entdeckt.

Längst ist die Gewöhnliche Roßkastanie in ganz Europa verbreitet und vor allem als ornamentaler Parkbaum geschätzt. Die Blüten werden durch Bienen und Hummeln bestäubt. Die anfangs gelben Saftmale färben sich bei zwittrigen und männlichen Blüten gleichermaßen später karminrot. Früchte entwickeln sich nur am unteren Teil der Blütenstände. Die Samen enthalten bis zu 30% Stärke und 3–5% Saponin sowie Bitter- und Gerbstoffe. Wegen der Bitterstoffe ist eine Verwertung der Samen für den Menschen nicht möglich.

Neben der Gewöhnlichen Roßkastanie ist als Park- und Alleebaum eine rotblütige Form angepflanzt. Es ist ein Bastard zwischen der nordamerikanischen Echten Pavie *(Aesculus pavia)* und der Gewöhnlichen Roßkastanie, *Aesculus* x *carnea,* die Rote Roßkastanie.

Gewöhnliche Esche
Fraxinus excelsior L.   B S.146   F S.156   K S.169   R S.186

Foto unten: Blattaustrieb

Ölbaumgewächse, Oleaceae. **Merkmale:** Sommergrüner, 25–40 m hoher Baum mit kugelförmiger oder ovaler, lockerer Krone. Stamm gerade und meist langschäftig; mit dicker, längsrissiger, breit gerippter, grauer bis schwarzgrauer Borke. Junge Zweige abgeflacht oder gerieft, anfangs olivgrün, später grau, mit deutlichen Korkwarzen. Winterknospen schwarzbraun, gerundet, bis 6 mm groß. Blätter gegenständig, unpaarig gefiedert, 20–35 cm lang, mit 4–6 Fiederpaaren; Fiedern lanzettlich, 5–12 cm lang, 1,5–4,5 cm breit; oberseits kahl, unterseits entlang der Adern wollig behaart; Blattrand gesägt. Meist ohne Herbstfärbung. Blüten in seitenständigen Rispen, vor dem Laubaustrieb blühend, unscheinbar, zwittrig oder eingeschlechtig. Männliche Blüten mit 2 Staubblättern; weibliche Blüten mit einem oberständigen Fruchtknoten und 2 sterilen Staubblättern. Nußfrüchte schmal-länglich, geflügelt, 2–3,5 cm lang, 4–6 mm breit, stark abgeflacht. Blütezeit: Mai; Fruchtreife: September bis Oktober. **Standort:** Auf lockeren, nährstoff- und basenreichen bis mäßig sauren, feuchten, mitunter nur flachgründigen, humosen Ton-, Lehm- und Auenböden. In Auen-, Laubmisch- und Schluchtwäldern; gewässerbegleitend, wichtiger Bestandteil der artenreichen Eschen-Ahorn-Ulmenwälder. Vor allem in feuchter Klimalage. **Verbreitung:** Europa (von Nordspanien bis zur Wolga), Kleinasien, Kaukasus, Nordpersien. Vom Tiefland bis in Gebirgslagen; in den Alpen 1400 m erreichend.

Die Gattung *Fraxinus* umfaßt 70 Arten in Nordamerika und Eurasien. 2 Arten kommen auch in Mitteleuropa vor. In Deutschland ist nur die Gewöhnliche Esche heimisch. Die zweite mitteleuropäische Art, die Manna- oder Blumen-Esche *(Fraxinus ornus)* ist bei uns nur angepflanzt, kommt natürlich aber bereits in Österreich, Südtirol und im Tessin vor. Sie zeichnet sich durch ansehnliche, weiße Blütenstände aus.

Die Gewöhnliche Esche zählt zu den größten heimischen Laubbäumen. Die unscheinbaren Blüten werden vom Wind bestäubt. Bienen sammeln jedoch auch Pollen. Junge Bäume sind sehr raschwüchsig und erlangen mit 15–20 Jahren Blühreife. Die Früchte bleiben meist noch lange nach ihrer Reife, mitunter bis in den nächsten Frühsommer hinein, am Baum hängen. Die Fruchtbildung erfolgt meist im 2-Jahresrhythmus. Die reifen Früchte werden vom Wind verbreitet. Losgelöst fallen sie rotierend zu Boden, wobei sie sich um ihre Längsachse drehen, gleichzeitig sich jedoch auch noch in einer schraubenförmigen Flugbahn bewegen.

Die gewöhnliche Esche kann etwa 200 Jahre alt werden. Ihre Stämme sind bis zu 1 m dick und können 15 m lang astfrei sein. Sie liefern ein sehr wertvolles Tischler- und Furnierholz. Furniere sind vor allem für Schlafzimmer- und Küchenmöbel gefragt. Dank großer Elastizität wird Eschenholz auch für Sportgeräte, Leitern und Jalousien verwendet.

Eschenbäume sind oft mit Gallen behangen. Erreger ist eine Gallmilbe *(Aceria fraxinivora).* An befallenen Blütenständen bilden sich verholzende Wucherungen, die lange Zeit an den Bäumen hängen bleiben. Stark mit Gallen behangene und völlig gesunde Bäume können unmittelbar nebeneinander stehen.

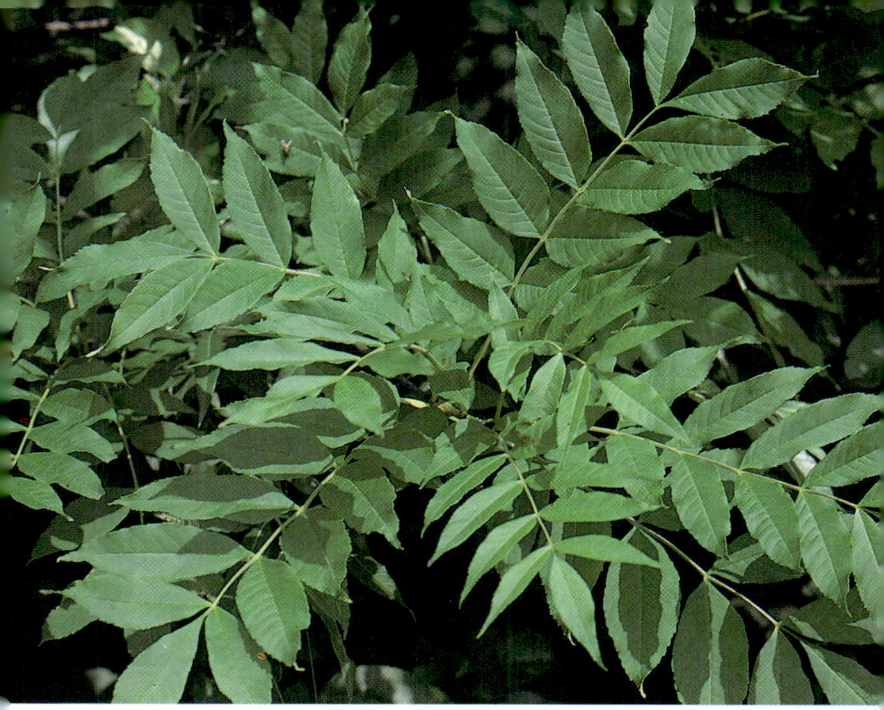
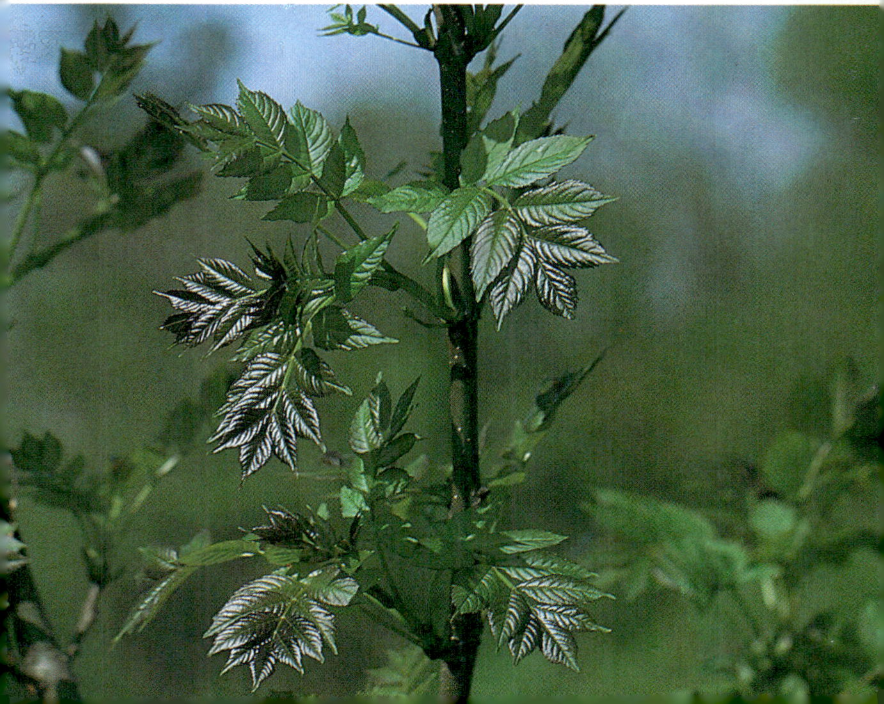

Faulbaum

Frangula alnus Miller $\boxed{F}$ S. 159

Kreuzdorngewächse, Rhamnaceae. **Merkmale:** Sommergrüner, aufrechter, 1,5–3 m hoher Strauch oder bis 7 m hoher Baum. Zweige anfangs grau bis rostrot behaart, später verkahlend, mit dünner, graubrauner, längsrissiger Rinde oder Borke. Winterknospen eiförmig, bis 5 mm lang, ohne Knospenschuppen. Blätter wechselständig, 8–12 mm lang gestielt; Spreite breiteiförmig bis elliptisch, 3–6 cm lang, 3–4 cm breit, ganzrandig, beidseitig entlang der Adern behaart. Blüten zu 3–7 blattachselständig, zwittrig, 5-zählig, 5–10 mm lang gestielt; Blütenhülle doppelt, unscheinbar; Kelch grün, 1,5–3 mm lang, einem glockenförmigen Blütenbecher aufsitzend; Kronblätter weiß 1–2 mm groß; Fruchtknoten frei im Blütenbecher stehend, zu einer kugeligen, 7–8 mm großen, 2–3 Kerne enthaltenden, saftreichen, schwarzvioletten Steinfrucht auswachsend. Blütezeit: Mai bis August; Fruchtreife: Juli bis Oktober. **Standort:** Auf staunassen bis wechselfeuchten, meist tiefgründigen Torf-, Lehm-, Ton- oder Sandböden. In Erlenbrüchen, Birkenmooren, Auenwäldern, lichten Laub-, Laubmisch- und Nadelwäldern. **Verbreitung:** Europa, Westsibirien, Kleinasien, Nordpersien, Nordwestafrika. In Mitteleuropa vom Tiefland bis zu 1400 m Höhe in den Alpen.

Die Gattung *Frangula* umfaßt 50 Arten. In der heimischen Flora ist nur 1 Art vertreten. Die Blüten des Faulbaumes werden von Insekten bestäubt. Auch Selbstbestäubung ist möglich. Vögel verbreiten die Früchte. Die Rinde des Faulbaumes liefert die Droge »Cortex Frangulae«, die vor allem Anthraglykoside mit stark abführender Wirkung enthält. Da Anthraglykoside auch in den Samen enthalten sind, kann ein Verzehr der Früchte drastische Durchfälle zur Folge haben.

Gewöhnliche Zwergmispel

Cotoneaster integerrimus Medikus $\boxed{F}$ S. 163

Rosengewächse, Rosaceae. **Merkmale:** Sommergrüner, reich verzweigter, bis 1 m hoher, aufrechter Strauch. Junge Zweige anliegend bis filzig behaart, braun. Winterknospen eiförmig, 2–4 mm lang. Blätter 2-zeilig angeordnet, kurz gestielt; Spreite oval bis länglich-oval, bis 4,5 cm lang und 2,5 cm breit; oberseits frischgrün, verkahlend; unterseits filzig behaart, grau bis gelblich. Blüten zwittrig, zu 1–4 in traubenartigen Ständen an Kurztrieben; Blütenhülle unscheinbar, doppelt, freiblättrig, 5-zählig; Kelch bis zur Fruchtreife bleibend; Kronblätter rundlich, etwas zusammenhängend, blaßrosa; Staubblätter 20. Frucht eirundlich, fast kahl, leuchtend scharlachrot, 6–7 mm groß, mehlig-fleischig, mit 2–4, etwa 3 mm langen Steinkernen. Blütezeit: April bis Mai; Fruchtreife: August bis September. **Standort:** Auf humus- und feinerdearmen, flachgründigen, steinigen oder sandigen bis lehmigen Böden. An vollbesonnten, sommerwarmen Felshängen, in lichten Eichen- und Kiefernwäldern. **Verbreitung:** Europa, Kleinasien, Kaukasus. In Deutschland vor allem im Süden und Südwesten; in den Alpen bis 2000 m hoch ansteigend.

Die Gattung *Cotoneaster* umfaßt 50 Arten, die vor allem im östlichen Asien beheimatet sind. In Mitteleuropa sind 2 Arten heimisch, außer der Gewöhnlichen noch die Filzige Zwergmispel *(Cotoneaster tomentosus)*.

Die recht unscheinbaren Blüten der Gewöhnlichen Zwergmispel werden von Insekten bestäubt. Die Früchte sind ungenießbar. Sie enthalten im Fruchtfleisch Prunasin und Amygdalin, cyanogene Glykoside.

Mispel

Mespilus germanica L. $\boxed{F}$ S. 162

Rosengewächse, Rosaceae. **Merkmale:** Sommergrüner, dornig bewehrter, nur mäßig verzweigter, bis 3 m hoher, aufrechter Strauch oder unbewehrter, breit ausladender, vom Grunde an verzweigter Baum. Junge Zweige locker filzig behaart, später verkahlend; Rinde olivgrün, lange glatt bleibend; Stämme mit graubrauner Schuppenborke. Winterknospen eiförmig, bis 5 mm lang. Blätter wechselständig, sehr kurz gestielt; Spreite länglich-oval, 7–13 cm lang, 4–7 cm breit, ganzrandig; beidseitig behaart, oberseits dunkelgrün, unterseits graugrün; Nebenblätter lanzettlich, bis 15 mm lang. Blüten einzeln, endständig, 3–4 cm groß; Blütenhülle doppelt, 5-zählig; Kelchblätter lineal-lanzettlich, 15 mm lang, bis zur Fruchtreife bleibend; Kronblätter rundlich; Staubblätter 30–40. Apfelfrucht oben abgeflacht, 2–3 cm groß, mit 5 steinharten Kernen. Blütezeit: Mai bis Juni; Fruchtreife: Oktober. **Standort:** Auf sommerwarmen, nährstoffreichen, humosen oder steinigen Lehmböden. In artenreichen Eichenmischwäldern, Hopfenbuchen-Orient-Hainbuchenwäldern sowie in Gebüschen. **Verbreitung:** Südosteuropa, Nordanatolien, Kaukasien, Nordpersien. In Mittel- und Südeuropa nur angepflanzt oder verwildert.

Die Wildform der Mispel ist bei uns nicht anzutreffen. Seit alters her ist die Mispel ein Kulturgehölz. Sie wurde schon von den Griechen und Römern angepflanzt. Die Kultursorten sind unbewehrt, haben bis 4 cm große Früchte mit 2–3 cm langen Kelchblättern. Die gerbstoffreichen Mispelfrüchte sind erst nach Frosteinwirkung oder längerer Lagerung genießbar.

Gewöhnlicher Seidelbast

Daphne mezereum L. $\boxed{B}$ S. 148 $\boxed{F}$ S. 164 $\boxed{G}$

Seidelbastgewächse, Thymelaeaceae. **Merkmale:** Sommergrüner, nur wenig verzweigter, 0,5–1 m hoher, aufrechter Strauch. Junge Triebe graubraun, anliegend silbrig behaart. Winterknospen eiförmig, 5–10 mm lang. Blätter wechselständig, kurz gestielt; Spreite länglich-lanzettlich, 4–8 cm lang, 1–2 cm breit, ganzrandig, meist kahl; oberseits frischgrün, unterseits bläulichgrün. Blüten vor den Blättern erscheinend, meist zu dritt an vorjährigen Zweigen, rosa, zwittrig; Krone fehlend; Kelchröhre 5–7 mm lang, mit 4 ausgebreiteten, 5 mm langen Zipfeln; Staubblätter 8, die Kelchröhre nicht überragend; Fruchtknoten oberständig, zu einer kugeligen, glänzend roten, 8 mm großen, 1-kernigen Steinfrucht auswachsend; Steinkern 5–6 mm groß. Blütezeit: Februar bis April; Fruchtreife: August bis September. **Standort:** Auf nährstoff- und basenreichen, humosen Lehm- und Mullböden; häufig auf Kalk. In lichten, krautreichen Buchen-, Eichen-Hainbuchen- und Nadelmischwäldern sowie in Hochstaudengesellschaften. **Verbreitung:** Europa, östlich bis zum Altai-Gebirge, dem Kaukasus und Nordpersien. In Mitteleuropa vorwiegend in der Hügel- und Bergstufe; in den Alpen bis 2000 m hoch ansteigend.

Von den 70 Arten der Gattung *Daphne* kommen 4 in Mitteleuropa vor. Alle Arten sind geschützt!

Die intensiv duftenden Blüten des Gewöhnlichen Seidelbastes werden von Insekten bestäubt. Vögel, vor allem Singdrosseln, Wacholderdrosseln, Amseln und Rotkehlchen, verbreiten die Samen. Alle Teile der Pflanze sind giftig. Die Rinde enthält Daphnetoxin, die Früchte Mezerein. Vergiftungen kommen wegen des unangenehmen Geschmacks der Früchte selten vor.

Korb-Weide

Salix viminalis L. B S. 144

Weidengewächse, Salicaceae. **Merkmale:** Sommergrüner, aufrechter, 3–8 m hoher Strauch oder Baum. Junge Zweige anfangs grausamtig, später grünlich oder gelbgrün. Borke tief längsrissig, graubraun. Winterknospen eiförmig, gelblich oder hell- bis rötlichbraun, behaart, 3–7 mm lang. Blätter wechselständig, bis 10 mm lang gestielt; Spreite schmal-lanzettlich, bis 15 cm lang, 15 mm breit, lang zugespitzt; unterseits dicht silbrig behaart, glänzend; Blattrand gewellt, nach unten eingerollt. Blüten in zylindrischen, 3 cm langen Kätzchen, vor dem Laubaustrieb erscheinend, ohne Blütenhülle, mit 1 Nektarium; eingeschlechtig, zweihäusig verteilt. Männliche Blüten mit 2 Staubblättern; weibliche Blüten mit fast sitzendem Fruchtknoten. Kapsel länglich-eiförmig, 6 mm lang, vielsamig. Blütezeit: März bis April; Fruchtreife: Mai. **Standort:** Auf nährstoffreichen, basischen Sand-, Schlick-, Ton- oder Auenböden. In Auenwäldern und Auengebüschen, an Bach- und Flußufern; Überflutungen ertragend. **Verbreitung:** Europa bis Sibirien. Fehlt auf den 3 europäischen Südhalbinseln, auf den Britischen Inseln und in Skandinavien. Im Gebirge bis 800 m hoch ansteigend.

Die Korb-Weide ist ein altes Kulturgehölz, deren heutige Vorkommen vielfach auf den Menschen zurückgehen. Durch regelmäßigen Schnitt, aus dem die sog. Kopfweiden hervorgehen, kommt es jährlich zur Bildung von bis zu 2,5 m langen Rutenzweigen. Diese sind sehr biegsam, lassen sich leicht schälen und geben so ein sehr gutes Material für Flechtarbeiten.

Sanddorn

Hippophae rhamnoides L. B S. 148   F S. 163   K S. 172

Ölweidengewächse, Elaeagnaceae. **Merkmale:** Sommergrüner, reichverzweigter, dornig bewehrter, bis 10 m hoher Strauch oder Baum. Borke graubraun, längsrissig; junge Triebe in Dornen endend, dicht mit silbrigen Schildhaaren bekleidet. Winterknospen rundlich, 2–6 mm lang, mit rostfarbenen Schuppen besetzt. Blätter wechselständig, 1–2 mm lang gestielt; Spreite 1–6 cm lang, 3–10 mm breit; anfangs beidseitig silbrigweiß beschuppt, oberseits verkahlend. Blüten unscheinbar, an vorjährigen Zweigen, eingeschlechtig, zweihäusig verteilt; schon im Spätsommer angelegt, vor dem Laubaustrieb blühend, ohne Kronblätter. Männliche Blüten sitzend, zu 4–6 in kurzen Trauben; weibliche Blüten kurz gestielt, Fruchtknoten von einer Kelchröhre umhüllt. Frucht beerenartig, eiförmig bis kugelig, 7–8 mm groß, orangefarben, saftreich, mit einem 3 mm langen Samen. Blütezeit: März bis April; Fruchtreife: September. **Standort:** Lichtbedürftiges Pioniergehölz; im Küstengebiet auf Sand, im Binnenland auf kalkhaltigen Kies- und Sandböden. An Flußufern und in Kiesgruben, in Schotterauen und lichten Kiefernwäldern. **Verbreitung:** Eurasien. In Mitteleuropa an den Küsten der Nord- und Ostsee, im Oberrheingebiet, in den Alpen und im Alpenvorland bis zur Donau; in den Alpen bis 1900 m hoch ansteigend.

Die Blüten des Sanddorns werden sowohl durch den Wind als auch von Insekten bestäubt. Die Früchte, an deren Bildung vor allem auch die fleischig werdende Kelchröhre beteiligt ist, sind außerordentlich sauer, aber nicht giftig. Neben karotinoiden Farbstoffen und Apfelsäure enthalten sie viel Vitamin C: In 100 g Fruchtfleisch sind 100–1200 mg enthalten. Die Früchte hängen meist sehr lange am Strauch, da sie von heimischen Vögeln verschmäht werden.

Winter-Linde

Tilia cordata Miller　　　　　　　　　　F S. 157　　K S. 173

Lindengewächse, Tiliaceae. **Merkmale:** Sommergrüner, 25–30 m hoher Baum mit dichter, runder Krone. Stamm mit längsgefurchter, dicht gerippter, schwarzgrauer Borke. Junge Zweige olivgrün, anfangs fein behaart. Winterknospen eiförmig, 5–7 mm lang, kahl, grün oder rötlich; Endknospe fehlend. Blätter 2-zeilig angeordnet, 2–5 cm lang gestielt; Spreite schiefherzförmig, 3–10 cm lang und ebenso breit, zugespitzt; oberseits grün, kahl; unterseits graugrün, auf den Adern behaart, mit rotbraunen Achselbärten; Blattrand gesägt. Blüten zwittrig, mit doppelter, 5-zähliger Blütenhülle; Blütenstand 8–10 cm lang, 4- bis 10-blütig, blattachselständig, sein Stiel mit einem flügelartigen, 8–15 mm breitem Hochblatt verwachsen; Kelchblätter 3 mm lang, weiß; Kronblätter oval, 4–8 mm lang, gelblichweiß; Staubblätter bis 30; Fruchtknoten oberständig, zu einer dünnschaligen, 5–7 mm großen, kugeligen 1-samigen Nuß auswachsend. Blütezeit: Juni bis Juli; Fruchtreife: September. **Standort:** Auf flach- bis mittelgründigen, steinigen Lehm-, Löß- oder Hangschuttböden. In Eichen- und Eichen-Hainbuchenwäldern, Auenwäldern und Ahorn-Eschen-Hangwäldern. **Verbreitung:** Europa, Westsibirien, Nordostanatolien. In Mitteleuropa vom Tiefland bis zu 1500 m Höhe in den Alpen.

Die Blüten der Linden werden von Insekten, vor allem Bienen und Hummeln bestäubt. Der reichproduzierte Nektar ist sehr zuckerhaltig (bis 40%). Linden sind wichtige Bienen-Trachtpflanzen. Lindenblütenstände werden als die Droge »Flores Tiliae« gehandelt. Sie enthalten Zucker, Schleime und das ätherische Öl Farnesol. Junge Bäume werden mit 15–20 Jahren blühfähig. Winter-Linden können bis 1000 Jahre alt werden.

Sommer-Linde

Tilia platyphyllos Scopoli　　　　F S. 157　　R S. 186　　S S. 20

Lindengewächse, Tiliaceae. **Merkmale:** Sommergrüner, bis 40 m hoher Baum mit dichter und breiter Krone. Stammborke längsrissig, dicht gerippt, grau- bis schwarzbraun. Junge Zweige olivgrün, sonnenseits gerötet, flaumig behaart. Winterknospen eiförmig, 5–10 mm lang. Blätter 2-zeilig angeordnet, 3–6 cm lang gestielt; Spreite bis 15 cm lang und 12 cm breit, schiefherzförmig, flaumig behaart; oberseits stumpfgrün, verkahlend; unterseits graugrün, mit weißen Achselbärten; Blattrand scharf gesägt. Blüten zwittrig; Blütenhülle doppelt, 5-zählig; Blütenstand 2- bis 5-blütig, Stiel mit einem flügelartigen, 14–18 mm breiten Hochblatt verwachsen; Kelchblätter 4–6 mm lang; Kronblätter länglich-eiförmig, 6–8 mm lang, gelblich; Staubblätter 25–30, etwas länger als die Krone; Fruchtknoten oberständig, zu einer dickwandigen, kugel- bis birnförmigen, 8–9 mm großen, 5-rippigen Nuß auswachsend. Blütezeit: Juni; Fruchtreife: September. **Standort:** Auf nährstoff- und basenreichen, steinigen Lehmböden. In Laubmischwäldern; auf Geröllhalden mitunter Bestände bildend. **Verbreitung:** Europa, Kleinasien, Kaukasus. Fehlt auf den Britischen Inseln, Nordskandinavien und in Osteuropa. In Mitteleuropa vor allem im mittleren und südlichen Teil; in den Nordalpen bis zu 1000 m Höhe.

Die Gattung *Tilia,* die 50 Arten umfaßt, ist in Mitteleuropa mit 2 Arten vertreten. Häufig sind bei uns auch andere Arten und Bastarde angepflanzt. Die Sommer-Linde blüht etwa 14 Tage eher als die Winter-Linde, ist schnellwüchsiger und erreicht auch ein höheres Alter.

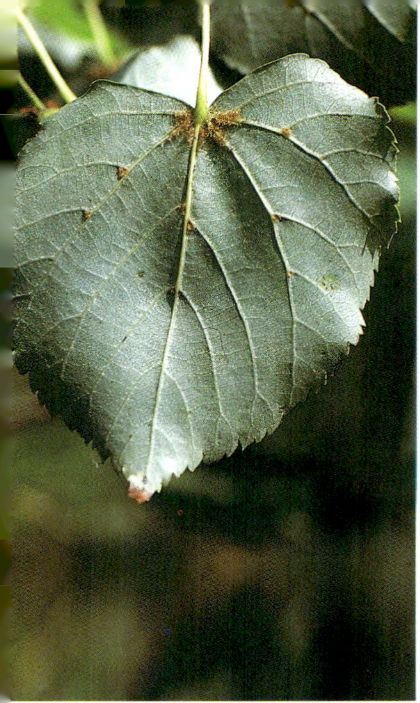
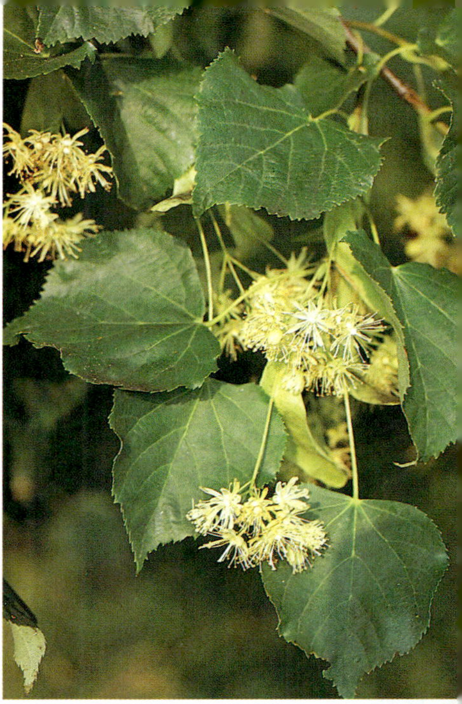
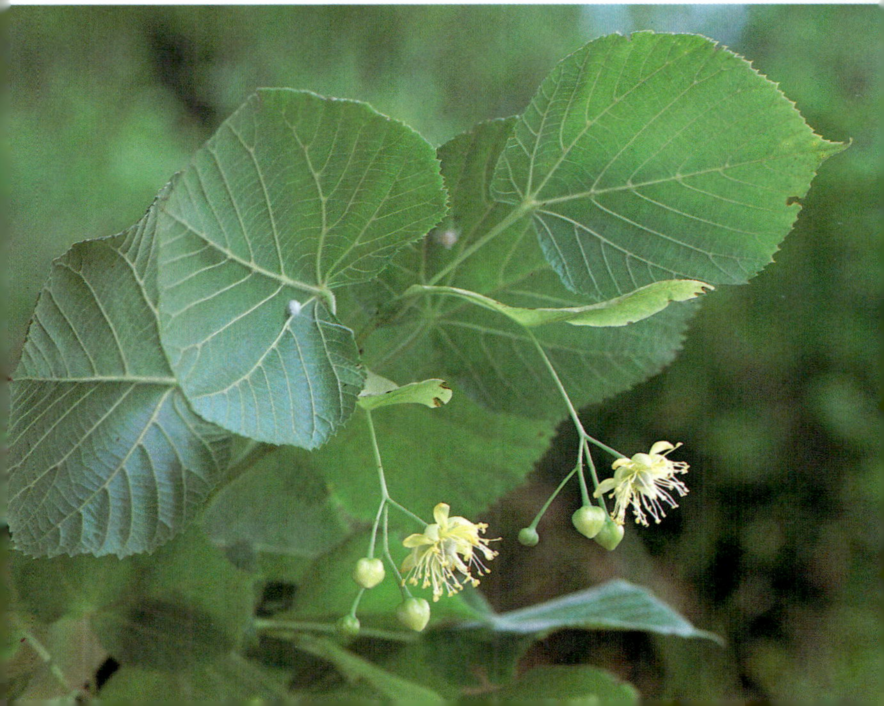

Stechpalme, Hülse

Ilex aquifolium L. F S.167

Stechpalmengewächse, Aquifoliaceae. **Merkmale:** Immergrüner, aufrechter, ein- bis mehrstämmiger Strauch oder 10–15 m hoher, dicht verzweigter Baum mit kegelförmiger Krone. Junge Zweige grün, kurz und dicht behaart, später verkahlend, Rinde lange grün bleibend; Borke dünn, schwarzgrau, abrollend. Winterknospen kegelförmig, 2–3 mm lang, grün. Blätter wechselständig, dick-lederig, 10–15 mm lang gestielt; Spreite elliptisch bis lanzettlich, zugespitzt, beidseitig kahl; oberseits dunkelgrün, glänzend; unterseits gelbgrün; Blattrand jederseits mit bis zu 7 Stachelzähnen, im Blütenstandsbereich auch ganzrandig. Lebensdauer der Laubblätter bis zu 3 Jahre. Blüten meist eingeschlechtlich und zweihäusig verteilt, zu mehreren in der Achsel vorjähriger Blätter; Blütenhülle doppelt, 4-zählig; Kelch unscheinbar; Krone 8 mm breit, weiß, mitunter rötlich überlaufen; Staubblätter 4; Fruchtknoten oberständig, zu einer kugeligen, 8–10 mm großen, glänzend-roten Steinfrucht mit 4, 6–7 mm großen Steinkernen auswachsend. Blütezeit: Mai bis Juni; Fruchtreife: Oktober. **Standort:** Auf nährstoff- und basenreichen, meist kalkfreien, steinigen, lockeren Lehmböden. In Buchen-, Buchen-Tannen- und Eichen-Hainbuchenwäldern. **Verbreitung:** Atlantisches Europa, westliches und zentrales Mittelmeergebiet, nördlicher und südlicher Voralpenraum, Südosteuropa, Nordwestafrika. In Mitteleuropa vor allem im Tiefland und dem Alpenvorland; in den Alpen bis 1800 m hoch aufsteigend.

Die Gattung *Ilex* enthält 400 Arten. Die meisten sind in den Tropen und Subtropen verbreitet. Nur wenige Arten dringen in Nordamerika und Ostasien auch in die gemäßigten Breiten vor. In Mitteleuropa ist nur 1 Art heimisch.

Die Stechpalme ist besonders in Gebieten mit milden und feuchten Wintern und nicht zu trockenen Sommern anzutreffen. Im atlantisch beeinflußten Europa sind solche Voraussetzungen erfüllt. Im Mittelmeergebiet kommt die Stechpalme nur in Gebirgslagen mit einem entsprechenden Klima vor. In schattigen Wäldern bleibt die Stechpalme häufig kleinstrauchig. Da sie Wurzelsprosse bildet, wächst sie oft in großen Beständen. Im Freistand hingegen erreicht sie baumförmige Ausmaße. Die Stämme können bis 50 cm dick werden. Stechpalmen erreichen ein Alter von 300 Jahren.

Die Blüten werden von Insekten, vor allem von Bienen bestäubt. Für die Samenverbreitung sorgen Sing-, Mistel-, Wacholder- und Rotdrosseln, Amseln, Rotkehlchen und die Mönchsgrasmücken. Die Sämlinge wachsen anfangs langsam, sind später jedoch sehr wüchsig. Sie vertragen viel Schatten. Die Früchte und Samen der Stechpalme sind giftig. Über die chemische Zusammensetzung der Giftstoffe weiß man nur wenig. Der Verzehr mehrerer Früchte kann Leibschmerzen, Erbrechen und Durchfall zur Folge haben.

Stechpalmenzweige sind in England ein beliebter Weihnachtsschmuck, da sich die Früchte lange an den Zweigen halten. In Deutschland werden Stechpalmen gern in Gärten und Parks angepflanzt. Neben der Wildform sind mehrere Gartenformen in Kultur, u.a. auch einhäusige Formen und Pflanzen mit abweichender Blattgestalt und Panaschierung. Das Holz der Stechpalme ist feinfaserig und läßt sich gut bearbeiten. Es wird für Drechsler und Einlegearbeiten, Holzschnitte und Furniere verwendet.

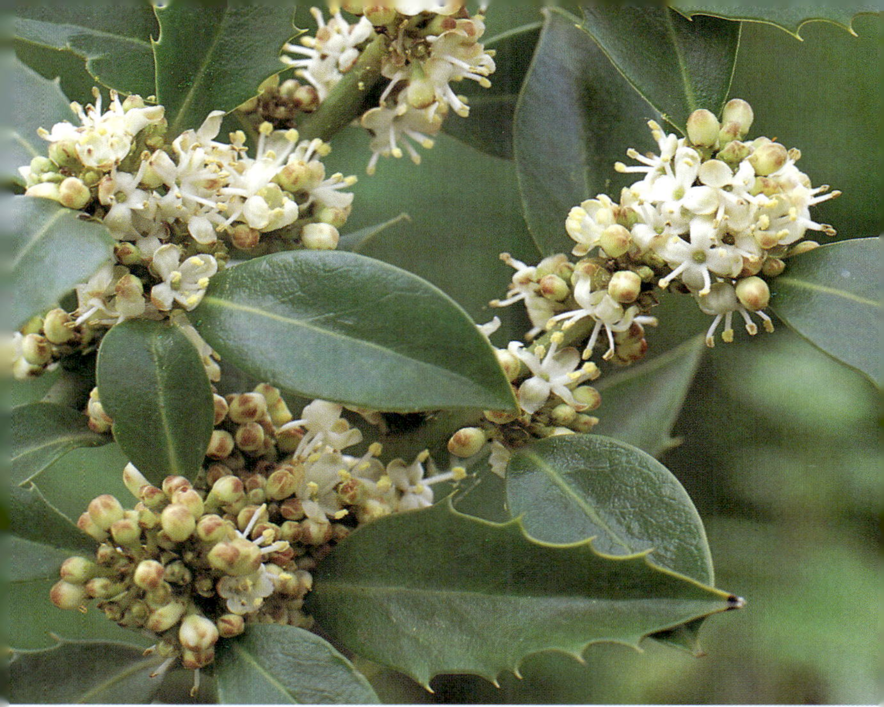

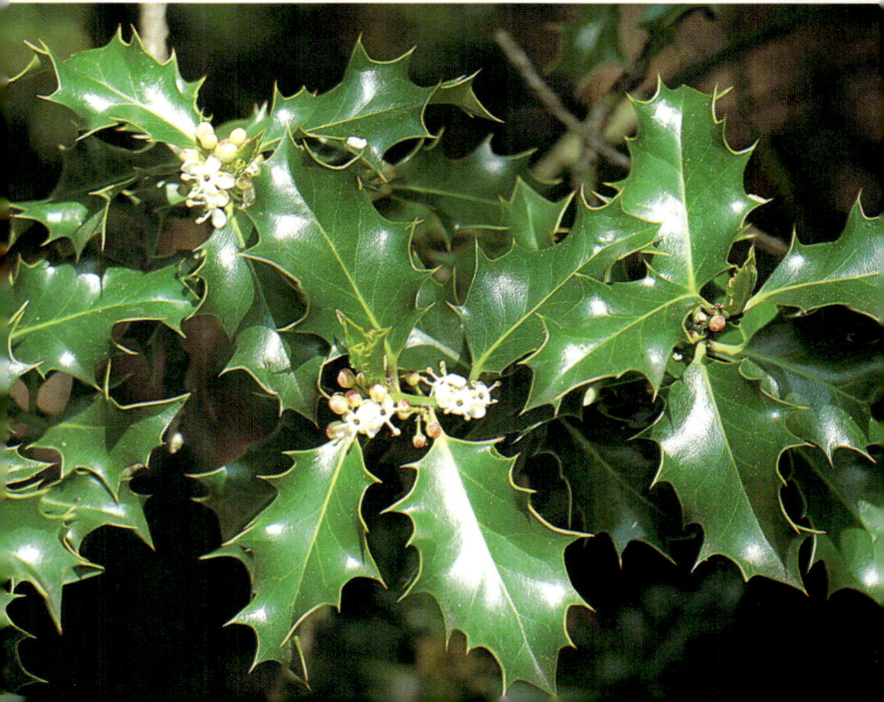

Gewöhnliche Berberitze, Sauerdorn
Berberis vulgaris L. \boxed{F} S. 163   \boxed{K} S. 171

Sauerdorngewächse, Berberidaceae. **Merkmale:** Sommergrüner, dornig bewehrter, reichverzweigter, bis 3 m hoher, aufrechter Strauch. Sproßsystem in Lang- und Kurztriebe gegliedert. Langtriebe nur mit 1–2 cm langen, meist 3-teiligen Blattdornen. Junge Triebe kantig, hellbraun. Winterknospen länglich-eiförmig, 5–6 mm lang, braun. Blätter an den Kurztrieben rosettig stehend, kurz gestielt; Blattspreite spatelförmig bis länglich-elliptisch, 1,5–4 cm lang, kahl; Blattrand unregelmäßig, grannenartig gezähnt. Blüten zwittrig, gelb, in ca. 2 cm langen, hängenden Trauben; gestielt, 6-zählig, 5–7 mm groß; Fruchtknoten oberständig. Frucht eine längliche, 8–10 mm lange, 1- bis 3-samige, saftreiche rote Beere. Blütezeit: April bis Juni; Fruchtreife: August bis September. **Standort:** Auf nährstoff- und basenreichen, oft tiefgründigen Böden. Im Saum sommerwarmer Gebüsche und an Waldrändern, in lichten Eichen- und Kiefernwäldern , auf Weiden. **Verbreitung:** Von Europa (mit Ausnahme der nördlichen und östlichen Teile) bis zur Krim und zum Kaukasus; von der Ebene bis zu ca. 2000 m Höhe im Gebirge ansteigend. In Mitteleuropa meist häufig.

Die Gattung *Berberis* umfaßt 450 Arten. Das Gattungsareal erstreckt sich von Eurasien, Nordafrika, Nordamerika bis Südamerika. Die Gewöhnliche Berberitze ist die einzige heimische Berberitzen-Art.

Die Bestäubung der Blüten erfolgt durch Insekten, vor allem Bienen. Beim Berühren der Staubfäden bewegen sich die Staubblätter zum Stempel hin, wobei das Insekt mit Pollen beladen wird. Die Früchte sind genießbar. Sie enthalten Fruchtsäuren (Sauerdorn!) und Vitamin C. Sie können zu Säften und Erfrischungsgetränken verarbeitet werden. Die Samen werden durch Vögel verbreitet. Da die Früchte jedoch sehr sauer schmecken, bleiben sie häufig sehr lange an der Pflanze hängen.

Die Rinde der Zweige und Wurzeln ist mit bitter schmeckenden Alkaloiden, vor allem Berberin, angereichert, das in den Zellwänden eingelagert ist und die Gewebe gelb färbt. Rinden und Wurzeln dienten früher zum Gelbfärben von Leder und Wolle.

Die Gewöhnliche Berberitze ist Zwischenwirt eines Pilzes, des Getreide-Schwarzrostes *(Puccinia graminis)*. Befallene Sträucher haben auf der Blattunterseite orangegelbe Flecken.

Die Gewöhnliche Berberitze ist in den Gärten vor allem als Heckenpflanze anzutreffen. Neben der Wildform ist auch eine rotblättrige Varietät in Kultur, bei der das Blattgrün durch einen roten Farbstoff (Anthocyan) überlagert ist.

Weitaus häufiger als die Gewöhnliche Berberitze werden in Gärten und Parkanlagen jedoch immergrüne, vor allem aus Ostasien stammende Arten angepflanzt. Diese Arten tragen häufig blaue Beeren. Auch südamerikanische Arten, aus den Anden stammend, werden in milden Lagen Mitteleuropas kultiviert. Sie sind ebenfalls immergrün.

Gewöhnliche Felsenbirne
Amelanchier ovalis Medikus

Foto unten rechts: Kupfer-Felsenbirne
F S. 161

Rosengewächse, Rosaceae. **Merkmale:** Sommergrüner, 1–3 m hoher, breit-buschiger Strauch. Junge Zweige anfangs weißwollig behaart, später ver-kahlend; Rinde olivgrün bis braun; Borke längsrissig, dünn, schwarzbraun. Winterknospen eiförmig, 5–7 mm lang, dicht filzig behaart. Blätter wechsel-ständig, 8–15 mm lang gestielt; Spreite oval, 2,5–4 cm lang, gesägt; ober-seits mattgrün, kahl; unterseits gelblich-filzig, verkahlend, mit Achselbärten. Blüten zwittrig, zu 3–6 in endständigen Rispen; Blütenhülle doppelt, 5-zäh-lig; Kelchblätter schmal-dreieckig, viel kürzer als die schmalen, 12–20 mm langen, weißen Kronblätter. Frucht apfelartig, kugelig, vom bleibenden Kelch gekrönt, 8–10 mm groß, blauschwarz, bereift, saftig-mehlig. Blütezeit: April bis Juni; Fruchtreife: August bis September. **Standort:** Auf basenrei-chen, nährstoff- und humusarmen Steinböden. An vollbesonnten, sommer-warmen Felshängen, in lichten Gebüschen und lichten Mischwäldern; oft vergesellschaftet mit Zwerg-Mispel, Bibernell-Rose, Steinweichsel und Els-beere. **Verbreitung:** Süd- und Mitteleuropa, Kleinasien, Nordafrika. Von der Hügelstufe bis zu 1800 m in den Alpen. In Mitteleuropa vor allem im Süden und Südwesten.

Die Gattung *Amelanchier* zählt 25 Arten in Eurasien und Nordamerika. In Mitteleuropa ist nur 1 Art heimisch. Die Blüten werden von Insekten bestäubt. Vögel verbreiten die Samen. Die Früchte sind eßbar. Gelegentlich werden sie wie Korinthen für Gebäck verwendet. Die Gewöhnliche Felsen-birne ist kaum in Kultur anzutreffen, obwohl sie ein anspruchsloses Gehölz ist.

Häufig angepflanzt sind ostasiatische und nordamerikanische Arten. Vor allem die Kupfer-Felsenbirne (*Amelanchier lamarckii;* s. Foto unten rechts), die bis 10 m hoch wird, erfreut sich wegen ihres kupferfarbenen Austriebs, ihrer ansehnlichen Blüten und der intensiv orangeroten Herbstfärbung gro-ßer Beliebtheit. Sie gedeiht sowohl auf mäßig sauren als auch kalkhaltigen Böden. In vielen Teilen Europas, so in den Niederlanden, in Nordwest-deutschland, aber auch in Südwestdeutschland ist sie seit langem einge-bürgert und gebietsweise nicht selten anzutreffen.

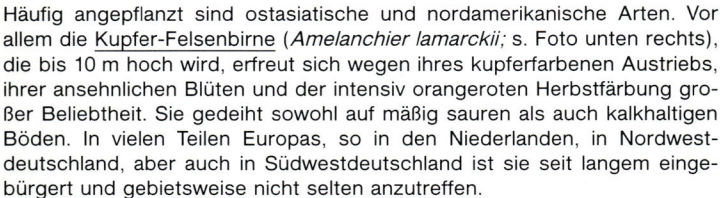

Holz-Apfelbaum

Malus sylvestris Miller ☐F☐ S. 162 ☐K☐ S. 175 ☐R☐ S. 184 ☐S☐ S. 20

Rosengewächse, Rosaceae. **Merkmale:** Sommergrüner, bis 10 m hoher Baum. Junge Zweige anfangs hellfilzig, später graubraun, an jungen Bäumen oft in Dornen endend. Borke gelbbraun, längsrissig geschuppt. Winterknospen eiförmig, bis 10 mm lang. Blätter wechselständig, 2–5 cm lang gestielt; Spreite eiförmig, zugespitzt, 6–9 cm lang, bis 5 cm breit; oberseits verkahlend, glänzend grün; unterseits auf den Adern behaart bleibend; Blattrand einfach oder doppelt gesägt. Blüten 1–2,5 cm lang gestielt, in endständigen, wenigblütigen Doldentrauben an Kurztrieben; zwittrig; Blütenhülle doppelt, 5-zählig; Kelchblätter klein, bis zur Fruchtreife bleibend; Kronblätter eiförmig, 15–20 mm lang, weiß oder hellrosa, als Knospe außen dunkelrosa; Staubblätter 20–50; Fruchtblätter pergamentartig-knorpelig, in den fleischig werdenden Blütenbecher eingebettet. Frucht 2,5–3 cm groß, gelbgrün, mehrsamig. Blütezeit: April bis Mai; Fruchtreife: September bis Oktober. **Standort:** Auf tiefgründigen, nährstoff- und basenreichen Lehm- und Steinböden. Im Auenwald, Laubmischwald und in feuchten Eichenwäldern; bevorzugt in feuchter Klimalage. **Verbreitung:** Europa bis Westasien. In Mitteleuropa zerstreut vom Tiefland bis zu 1100 m Höhe in den Alpen.

Die Gattung *Malus* ist mit 35 Arten in Eurasien und Nordamerika vertreten. Der Holz-Apfelbaum ist die einzige in Mitteleuropa heimische Art. Die Blüten werden vor allem von Bienen bestäubt. Die Früchte sind zwar aromatisch duftend und saftig-fleischig, schmecken aber auch vollreif sehr sauer. Sie fallen zu Boden und werden vor allem von Säugetieren gefressen.

Wilder Birnbaum

Pyrus pyraster (L.) Burgsdorf ☐F☐ S. 162 ☐K☐ S. 175 ☐R☐ S. 184 ☐S☐ S. 20

Rosengewächse, Rosaceae. **Merkmale:** Sommergrüner, bis 20 m hoher Baum mit teilweise dornigen Zweigen und lockerer Krone. Junge Zweige anfangs behaart, olivgrün bis graubraun, vor allem an jungen Bäumen häufig in Dornen endend. Borke grau, längsrissig, kleinschuppig. Winterknospen eiförmig, bis 5 mm groß. Blätter wechselständig, 2–7 cm lang gestielt; Spreite breit-elliptisch, 3–7 cm lang, 2–5 cm breit, nur anfangs beidseitig behaart; oberseits glänzend, dunkelgrün; unterseits bläulich-grün; Blattrand fein gesägt: Herbstfärbung intensiv gelb bis orangerot. Blüten bis 3 cm lang gestielt, in 3- bis 9-blütigen Doldentrauben; zwittrig; Blütenhülle doppelt, 5-zählig; Kelch filzig behaart, bis zur Fruchtreife bleibend; Kronblätter rundlich, 10–17 mm lang, weiß, als Knospe oft rötlich; Staubblätter 15–30. Frucht rundlich oder verkehrt-eiförmig, 15–35 mm lang. Blütezeit: April bis Mai; Fruchtreife: September bis Oktober. **Standort:** Auf nährstoff- und basenreichen Ton-, Lehm- und Steinböden. In Auenwäldern, Eichenmischwäldern, an sonnigen Hängen und in Gebüschen. **Verbreitung:** Europa bis Westasien. In Mitteleuropa zerstreut, vor allem im mittleren und südlichen Teil; vom Tiefland bis zu 900 m in den Alpen.

Die Gattung *Pyrus* umfaßt 30 Arten in Eurasien und Afrika, 3 davon sind in Mitteleuropa heimisch. Unsere Kultursorten sind aus verschiedenen Wildarten hervorgegangen. Die Früchte unterscheiden sich von Äpfeln vor allem durch verholzte Zellen im Fruchtfleisch, sog. Steinzellen. Diese sind bei den Wildarten besonders reich vorhanden. Die Blüten des Birnbaumes werden von Insekten bestäubt. Säugetiere sorgen für die Verbreitung der Samen. Birnbäume können 100–150 Jahre alt werden.

Eingriffeliger Weißdorn

Crataegus monogyna Jacquin  F S. 164   K S. 171

Rosengewächse, Rosaceae. **Merkmale:** Sommergrüner, stark dornig bewehrter, bis 5 m hoher Strauch oder kleiner Baum. Sproßsystem deutlich in Lang- und Kurztriebe gegliedert; Kurztriebe häufig in ca. 10 mm langen Dornen endend. Junge Zweige grau- bis rotbraun, kahl. Stämme mit schuppiger Borke. Winterknospen rundlich, 1–1,5 mm lang. Blätter wechselständig, 5–15 mm lang gestielt; Spreite tief fiederspaltig eingeschnitten, 3–5 cm lang, die Abschnitte nur wenig gesägt; Spreite am Grunde breit-kegelförmig oder gestutzt; oberseits dunkelgrün, glänzend; unterseits bläulichgrün; Nebenblätter an den Langtrieben groß, gesägt. Blüten deutlich gestielt, zu 5–10 in Doldenrispen; zwittrig; Blütenhülle doppelt, 5-zählig; Kelch klein, bis zur Fruchtreife bleibend; Kronblätter 5–7 mm lang, weiß; Staubblätter meist 20; Griffel 1. Frucht rundlich bis elliptisch, 8–10 mm groß, leuchtend dunkelrot, mit 1 Steinkern; Fruchtfleisch mehlig. Blütezeit: Juni; Fruchtreife: August bis September. **Standort:** Auf basenreichen, meist kalkhaltigen, oft steinigen Lehmböden. In Eichen-, Buchen- und Kiefernwäldern, Gebüschen und Hecken. **Verbreitung:** Europa, Sibirien, Kleinasien, Syrien, Nordwestafrika. In Mitteleuropa vom Tiefland bis zu Höhen von 1300 m in den Alpen.

Die Gattung *Crataegus* umfaßt etwa 200 Arten in Eurasien und Nordamerika. In Mitteleuropa sind 3 Arten heimisch. Die Abgrenzung der Sippen ist oft schwer, da neben den ohnehin vielgestaltigen Arten auch noch Bastarde vorkommen. Weißdornblüten werden von Insekten bestäubt, die Früchte von vielen Vogelarten gefressen.

Elsbeere

Sorbus torminalis (L.) Crantz   F S. 162

Rosengewächse, Rosaceae. **Merkmale:** Sommergrüner, wenigstämmiger Großstrauch oder bis 20 m hoher Baum mit lichter Krone. Junge Zweige kahl, glänzend rot- bis graubraun; Borke kleinschuppig, dunkel- bis graubraun. Winterknospen eiförmig, 7–9 mm lang, grün. Blätter wechselständig, 2,5–5 cm lang gestielt; Spreite im Umriß dreieckig oder oval, 6–12 cm lang, 7–15 cm breit, beiderseits mit je 3–4 tief eingeschnittenen, eckigen Lappen; oberseits dunkelgrün; unterseits graugrün, auf den Adern behaart. Herbstfärbung intensiv orangerot. Blüten zwittrig, in filzig-behaarten Schirmrispen, 5–10 mm lang gestielt; Blütenhülle doppelt, 5-zählig; Kelch unscheinbar; Kronblätter weiß, 5–6 mm lang; Blütenbecher filzig behaart; Frucht eiförmig, 10–18 mm lang, rötlichgelb; Fruchtfleisch teigig-mehlig; Samen meist 4. Blütezeit: Mai bis Juni; Fruchtreife: Oktober. **Standort:** Auf meist steinigen, mild-humosen Ton- und Lehmböden. An sommerwarmen, besonnten Hängen, Wald- und Gebüschsäumen, in Eichen- und Eichen-Hainbuchenwäldern. **Verbreitung:** Süd-, West- und Mitteleuropa, Nordanatolien, Kaukasus, Transkaukasien, Nordwestafrika. In Mitteleuropa vom Tiefland bis in Gebirgslagen von 900 m Höhe.

Die Elsbeere ist in Mitteleuropa nicht häufig. Im Herbst zählt sie zu den am buntesten heimischen Laubgehölzen. Die nicht sehr auffälligen Blüten werden von Bienen und anderen Insekten bestäubt. Vögel und Säugetiere fressen die Früchte und verbreiten die Samen. Oftmals liegen die Früchte eingetrocknet am Boden. Die Samen können dann nicht keimen. Elsbeeren zeichnen sich durch ein großes Ausschlagsvermögen aus und sind daher wichtiger Bestandteil von Niederwäldern.

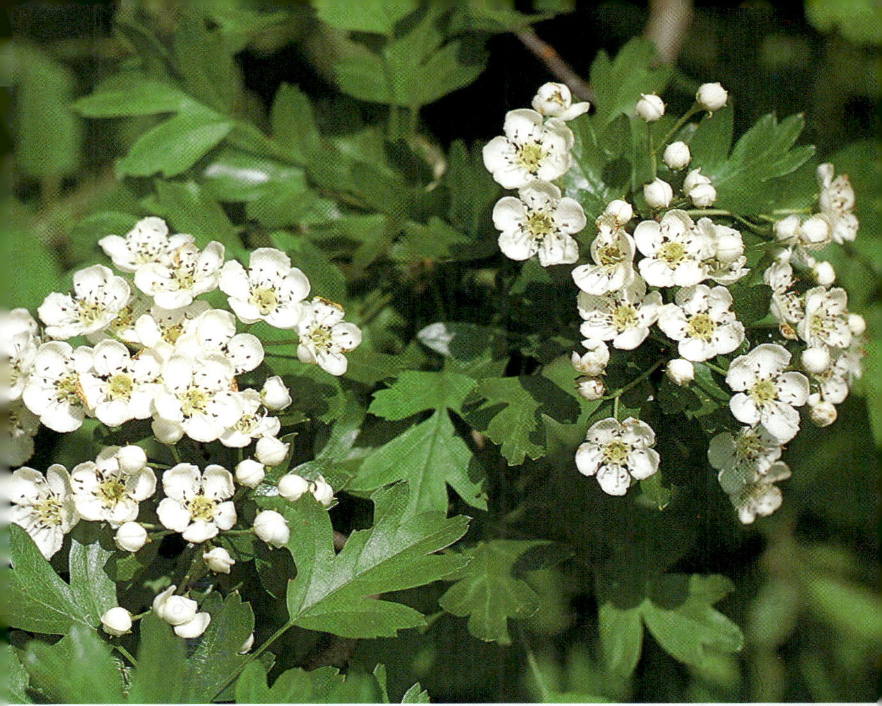
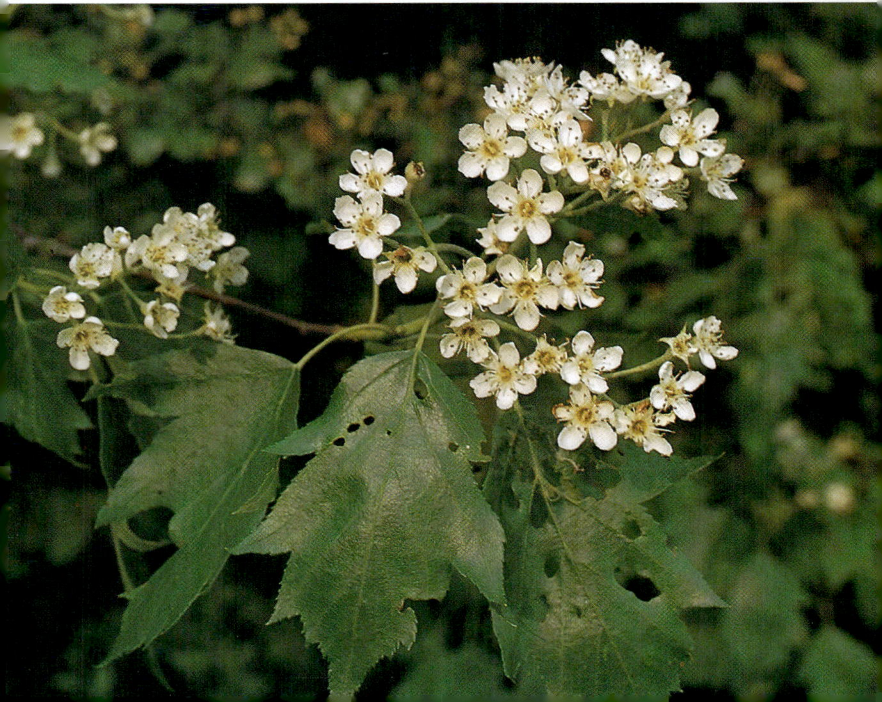

Mehlbeere

Sorbus aria (L.) Crantz  F S. 163

Rosengewächse, Rosaceae. **Merkmale:** Sommergrüner, 5–15 m hoher Baum mit dichter, ebenmäßig-kugelförmiger oder ovaler Krone. Junge Zweige anfangs filzig behaart, später verkahlend, olivgrün bis hellbraun; Borke längsrissig, sich erst sehr spät bildend. Winterknospen eiförmig, 12–15 mm groß. Blätter wechselständig, 10–15 mm lang gestielt; Spreite breit-elliptisch, 6–8 cm lang, 3,5–6 cm breit; Blattrand unregelmäßig doppelt gesägt; oberseits verkahlend, dunkelgrün; unterseits bleibend silbrig behaart. Herbstfärbung schwach bis intensiv gelb. Blüten zwittrig, in endständigen Schirmrispen, 8–10 mm lang gestielt; Blütenhülle doppelt, 5-zählig; Kelch unscheinbar, bis zur Fruchtreife bleibend; Kronblätter 3 mm lang, weiß; Staubblätter 20; Blütenbecher weißfilzig. Frucht rundlich bis kugelig, 10–13 mm lang, orange- bis korallenrot; Fruchtfleisch mehlig; Samen 3–6 mm lang, braun. Blütezeit: Mai bis Juni; Fruchtreife: Oktober. **Standort:** Auf lockeren, steinigen Lehmböden. Bevorzugt in sommerwarmer und sommertrockener Klimalage. In lichten Eichen-Hainbuchenwäldern, Buchen- und Kiefernwäldern, im Saum von Gebüschen und an südexponierten Hängen. **Verbreitung:** Europa, Nordafrika. In Deutschland vor allem im Süden und Südwesten. In den Alpen bis 1600 m hoch ansteigend.

Die Blüten der Mehlbeere werden von Insekten bestäubt, die Früchte von Vögeln und kleineren Säugetieren verzehrt. Die Früchte enthalten Apfel- und Zitronensäure. Sie wurden früher zu Mus verarbeitet, gedörrt oder in Brot eingebacken. Während des Austriebes stehen die Blätter aufgerichtet. Die silbrig gefärbten Unterseiten täuschen von weitem einen blühenden Baum vor.

Schwedische Mehlbeere

Sorbus intermedia (Ehrhart) Persoon

Rosengewächse, Rosaceae. **Merkmale:** Sommergrüner, reichverzweigter, 5–15 m hoher Baum mit ovaler oder kugeliger Krone. Junge Zweige olivgrün bis braun; Rinde lange glatt bleibend; Borke schmutziggrau, längsrissig. Winterknospen eiförmig, zugespitzt, 10–12 mm lang, grün. Blätter wechselständig, 12–25 mm lang gestielt; Spreite lederig, länglich-elliptisch, 7–10 cm lang, 4,5–6,5 cm breit; oberseits verkahlend, glänzend dunkelgrün; unterseits weißfilzig; Blattrand kerbig eingeschnitten, Kerben doppelt gesägt. Herbstfärbung gelb bis lachsrot. Blüten zwittrig, 3–10 mm lang gestielt, in endständigen, 8–10 cm breiten Schirmrispen an jungen Trieben; Blütenhülle doppelt, 5-zählig; Kelch unscheinbar, bis zur Fruchtreife bleibend; Kronblätter weiß, 3–4 mm lang; Staubblätter 20. Frucht eiförmig bis kugelig, 10–12 mm groß, scharlachrot; Fruchtfleisch mehlig-fleischig, gelblich; Samen meist 2, etwa 5 mm lang. Blütezeit: Mai bis Juni; Fruchtreife: September bis Oktober. **Standort:** Auf nährstoff- und basenreichen, humosen Böden. In lichten Laubwäldern und Gebüschen. **Verbreitung:** Südschweden, Seeland, Bornholm, Öland, Estland, Lettland.

Die Schwedische Mehlbeere ist ein erbfest gewordener, tetraploider Bastard. Ein Elter dürfte die Elsbeere sein. Die Schwedische Mehlbeere ist in weiten Teilen Norddeutschlands und Dänemarks angepflanzt (gern als Straßenbaum) und verwildert. Die Gattung *Sorbus* umfaßt 100 Arten in Eurasien und Nordamerika. In Mitteleuropa sind 7 Arten heimisch.

Trauben-Kirsche
Prunus padus L.

F S. 159

Rosengewächse, Rosaceae. **Merkmale:** Sommergrüner, meist vom Grunde an mehrstämmiger, aufrechter Strauch oder bis 18 m hoher Baum mit überhängenden Zweigen und lockerer Krone. Junge Zweige kahl, hell- bis graubraun; Rinde lange glatt bleibend; Borke dunkel graubraun, dünn abrollend. Winterknospen länglich, 5–8 mm lang, braun bis rotbraun. Blätter wechselständig, 15–20 mm lang gestielt; Spreite länglich-elliptisch, 6–10 cm lang, kahl; oberseits dunkel-, unterseits blaugrün, mit kleinen gelblichen Achselbärten; Blattrand gesägt; Blattstiel am Oberende mit einem Paar Nektardrüsen. Blüten zwittrig, mit den Blättern erscheinend, in überhängenden Trauben; Blütenhülle doppelt, 5-zählig; Kelch unscheinbar; Krone ca. 10 mm breit, weiß; Staubblätter 20, halb so lang wie die Kronblätter. Steinfrucht kugelig, 7–9 mm groß, glänzend schwarzrot; Steinkern 5–6 mm lang. Blütezeit: Mai bis Juni; Fruchtreife: Juli bis August. **Standort:** Auf feuchten, humosen, nährstoff- und basenreichen, tiefgründigen Lehm- und Tonböden. In Auenwäldern, an Gewässern und Waldsäumen. **Verbreitung:** Europa bis Sibirien und Nordostasien, Kaukasus und Himalaja. Vom Tiefland bis zu 1500 m Höhe in den Alpen.
Die Trauben-Kirsche begegnet uns in der heimischen Flora in zweierlei Gestalt: Die Normalform ist ein vor allem in den Auenwäldern der Tieflagen verbreiteter Baum. Die Unterart *borealis* bleibt hingegen vorwiegend strauchig und wird nur bis 3 m groß. Wir treffen sie meist in Gebirgslagen an. Die Blüten werden von Insekten bestäubt, die Früchte von Vögeln verbreitet. Die Früchte sind ungiftig, aber wenig schmackhaft. Sie wurden früher gelegentlich zu Saft, Mus und Marmelade verarbeitet.

Steinweichsel, Weichsel-Kirsche, Felsen-Kirsche
Prunus mahaleb L.

B S. 149

Rosengewächse, Rosaceae. **Merkmale:** Sommergrüner, reichverzweigter, 3–10 m hoher Strauch oder vom Grunde an oft mehrstämmiger Baum mit breit ausladender Krone. Junge Zweige nur anfangs flaumig-drüsig behaart, braun; Borke erst sehr spät gebildet, längsrissig, schmal gefeldert, graubraun. Winterknospen rundlich, 1–2 mm groß. Blätter wechselständig, 10–15 mm lang gestielt; Spreite herzförmig oder rundlich, 2–4,5 cm lang, kurz zugespitzt; oberseits dunkelgrün, glänzend; unterseits hellgrün; Spreitengrund meist mit 2 ungleichgroßen Nektardrüsen; Blattrand gesägt. Blüten zwittrig, mit den Blättern erscheinend, deutlich gestielt, in 4- bis 10-blütigen Doldentrauben; Blütenhülle doppelt, 5-zählig; Kelch unscheinbar; Kronblätter weiß, 5–8 mm lang; Staubblätter 20–30. Steinfrucht rundlich, glänzend schwarz, 8–10 mm groß. Blütezeit: April bis Mai; Fruchtreife: August. **Standort:** Auf flachgründigen Felsböden oder steinig-sandigen Lehm- und Lößböden. An Hängen, in lichten Eichen- und Kiefernwäldern, im Saum von Gebüschen, vorzugsweise an vollbesonnten Standorten. **Verbreitung:** Europa, Kleinasien, Kaukasus, Turkestan. In Mitteleuropa vor allem im Rhein-, Nahe- und Donaugebiet. In den Südalpen bis zu 900 m Höhe.
Die Blüten der Steinweichsel werden von Insekten bestäubt. Amseln, Singdrosseln und Eichelhäher fressen die Früchte und verbreiten die Samen. Die etwas bitteren, wenig schmackhaften Kirschen eignen sich kaum zum Verzehr. Die Steinweichsel ist eine wichtige Veredlungsunterlage für Sauer- und Süß-Kirschen. In Deutschland zählt sie zu den selteneren Arten.

Vogel-Kirsche
Prunus avium L. B S. 149 F S. 164 K S. 172 R S. 185

Rosengewächse, Rosaceae. **Merkmale:** Sommergrüner, langschäftiger, 15–20 m hoher Baum. Stämme mit glänzender, brauner bis rotbrauner, sich in horizontalen Ringeln ablösender Borke. Winterknospen länglich-eiförmig, zugespitzt, 3–5 mm lang, braun. Blätter wechselständig, 2–4 cm lang gestielt, mit 2–4 Nektardrüsen; Spreite elliptisch, lang zugespitzt, 7–12 cm lang, 3,5–6 cm breit, oberseits kahl, unterseits auf den Adern behaart; Blattrand gesägt. Herbstfärbung leuchtend orange- bis tiefrot. Blüten zwittrig, lang gestielt, in 2- bis 3-blütigen Ständen an Kurztrieben, kurz vor der Laubentfaltung blühend; Blütenhülle doppelt, 5-zählig; Kelchblätter zurückgeschlagen; Kronblätter 10–15 mm lang, weiß; Staubblätter 20–30. Früchte kugelig, ca. 10 mm groß, schwarzrot, mit einem glatten, 8–10 mm großen Steinkern. Blütezeit: April bis Mai; Fruchtreife: Juli. **Standort:** Auf tiefgründigen Lehm- und Sandböden. In Laubmischwäldern, Hartholzauen der Auenwälder, an Waldrändern; als Pioniergehölz auf Böschungen, Brachen und aufgelassenen Weinbergen. **Verbreitung:** Europa, Nordanatolien, Krim, Kaukasus, Nordwestafrika. In Nordeuropa fehlend; verbreitet in den Mittelgebirgen, in den Alpen bis 1700 m Höhe.

Die Blüten der Vogel-Kirsche werden vor allem von Bienen bestäubt. Amseln, Singdrosseln, Stare und Krähen verbreiten die Früchte. Die Früchte ähneln im Geschmack den Süß-Kirschen, haben aber mehr Säure und schmecken oft leicht bitter. Vogel-Kirschen wachsen sehr schnell und erlangen schon nach wenigen Jahren Blühreife. Sie können ein Alter von 80–90 Jahren erreichen und bis 80 cm dicke Stämme haben. Das Holz ist sehr wertvoll. Die Vogel-Kirsche ist die Stammform der Süß-Kirsche.

Sauer-Kirsche, Weichsel
Prunus cerasus L. B S. 149

Rosengewächse, Rosaceae. **Merkmale:** Sommergrüner, Ausläufer bildender, buschiger Strauch mit überhängenden Zweigen oder bis 10 m hoher Baum mit breiter, lichter Krone und aufrechten Zweigen. Sproßsystem deutlich in Lang- und Kurztriebe gegliedert. Junge Zweige kahl, grau bis rötlichbraun; Borke dünn, grauschwarz, abrollend. Winterknospen eiförmig, 6–7 mm lang, braun. Blätter wechselständig, 1–3 cm lang gestielt; Spreite elliptisch, zugespitzt, am Grunde oft mit 2 Nektardrüsen; oberseits kahl, dunkelgrün; unterseits graugrün, verkahlend; Blattrand gesägt. Blüten zwittrig, lang gestielt, in 2- bis 4-blütigen Doldentrauben; Blütenhülle doppelt, 5-zählig; Kelchblätter zurückgeschlagen; Kronblätter 8–12 mm groß, rundlich, weiß. Früchte kugelig, 15–20 mm dick, rot oder schwarzrot, saftreich; Steinkern 10 mm groß, glatt. Blütezeit: April bis Mai; Fruchtreife: Juli bis August. **Standort:** Auf nährstoff- und basenreichen, lockeren, oft sandigen Lehmböden. Kulturgehölz. Verwildert an Weinbergsrändern, Hohlwegen, Böschungen, Feldrainen, Gebüschen. **Verbreitung:** Südwestasien.

Von der Kulturform der Sauer-Kirsche gibt es zahlreiche Varietäten und Sorten, die im Wuchs, in der Fruchtform und im Geschmack der Früchte voneinander abweichen. Zu den mehr strauchigen Formen (ssp. *acida*) mit schlaffen, überhängenden Zweigen gehören die Ostheimer Weichsel und die Schattenmorelle, während die Glaskirschen, Morellen und die Süßweichsel zur Baumweichsel (ssp. *cerasus*) mit baumförmigem Wuchs und aufrechten Zweigen gerechnet werden.

Schlehe, Schwarzdorn
Prunus spinosa L.

B S. 149   F S. 161

Rosengewächse, Rosaceae. **Merkmale:** Sommergrüner, dornig bewehrter, sparrig und dicht verzweigter, 1–3 m hoher Strauch. Junge Zweige anfangs behaart, bald verkahlend, mit rötlicher Rinde, die sich im Alter schwarz färbt (Name!); seitliche Zweige meist in Dornen endend. Winterknospen kugelig, 1–2 mm groß, graubraun bis rotbraun. Blätter wechselständig, 4–12 mm lang gestielt; Spreite verkehrt-eiförmig bis elliptisch, 3–4 cm lang und 15–20 mm breit, am Grunde mit kleinen Nektardrüsen; oberseits dunkelgrün, unterseits heller und auf den Adern behaart. Blüten einzeln, kurz gestielt, lange vor dem Laubaustrieb blühend; zwittrig, Blütenhülle doppelt, 5-zählig; Kelch unscheinbar; Kronblätter 5–8 mm groß, weiß; Staubblätter ca. 20. Steinfrucht kugelig, 10–15 mm groß, fast schwarz, blau bereift; Steinkern 8–9 mm groß, gerundet, sich nicht vom Fruchtfleisch lösend. Blütezeit: März bis April; Fruchtreife: September bis Oktober. **Standort:** Auf meist nährstoffreichen, mittel- bis tiefgründigen Lehmböden und flachgründigen, feinerdearmen Gesteinsböden. An vollbesonnten Felshängen, an Feldrainen, auf Lesesteinhaufen, im Saum von Gebüschen und in Steppenrasen. **Verbreitung:** Europa mit Ausnahme des Nordens und Nordostens, Kleinasien, Kaukasus, Nordwestafrika. In Mitteleuropa weit verbreitet, vor allem im mittleren und südlichen Teil, vom Tiefland bis in Gebirgslagen; in den Nordalpen bis 1000 m hoch ansteigend.

Die Gattung *Prunus* umfaßt etwa 430 Arten, die vorwiegend in den gemäßigten Breiten der Nordhemisphäre beheimatet sind. In Mitteleuropa sind 5 Arten vertreten.

Die Blüten der Schlehe werden von vielen Insekten, darunter Bienen bestäubt. Die Früchte sind sauer und reich an Gerbstoffen und daher nur zur Vollreife roh genießbar. Sie werden von Vögeln und Säugetieren verzehrt. Schlehen finden Verwendung zur Bereitung von Marmelade, Säften, Likören und Schlehengeist.

Die Schlehe ist ein Pioniergehölz und besiedelt Brachen, aufgelassene Weinberge sowie unbewirtschaftete Wiesen und Weiden. Da sie Wurzelsprosse bildet, können innerhalb kurzer Zeit dichte, undurchdringliche Gebüsche entstehen. Die ökologische Anpassung ist groß: Neben vollbesonnten, sommertrockenen Standorten wächst sie auch in Auenwäldern oder an deren Rändern. Schlehen erreichen ein Alter von mehr als 50 Jahren und bilden Stämmchen von 3–10 cm Dicke.

Das dornig-sparrige Astwerk wird zur Einfriedung von Weideland verwendet. Wegen seiner Festigkeit dient es auch als Packwerk in den Gradierwerken von Salinen.

Häufig werden Schlehen von der Gespinstmotte *(Yponomeuta pallida)* befallen, deren Raupen mitunter ganze Sträucher kahl fressen und mit einem Gespinst überziehen. Die Pflanzen reagieren mit einem erneuten Laubaustrieb, so daß die Sträucher nicht dauerhaft geschädigt werden.

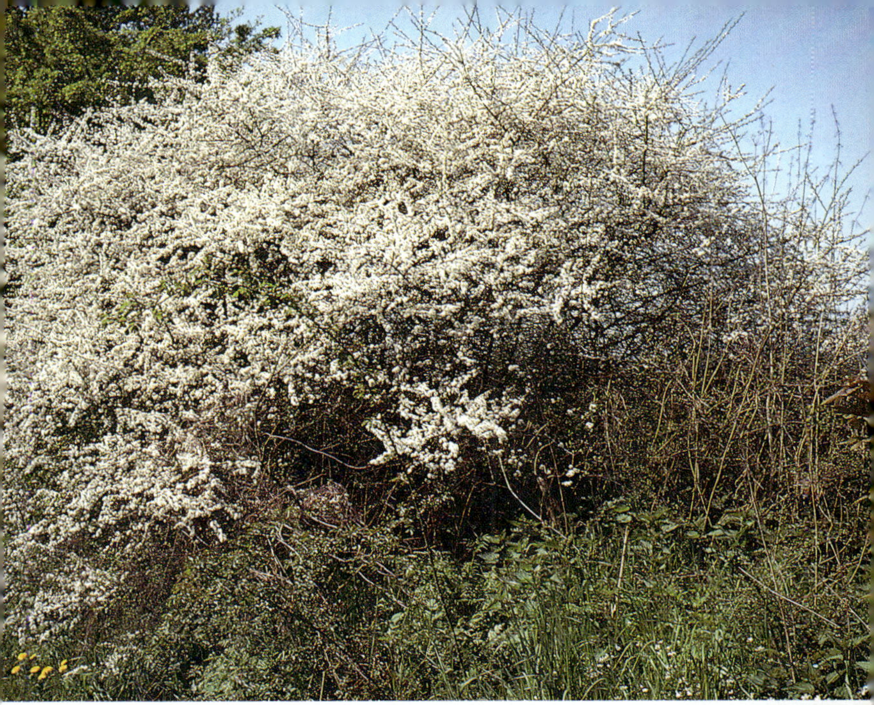

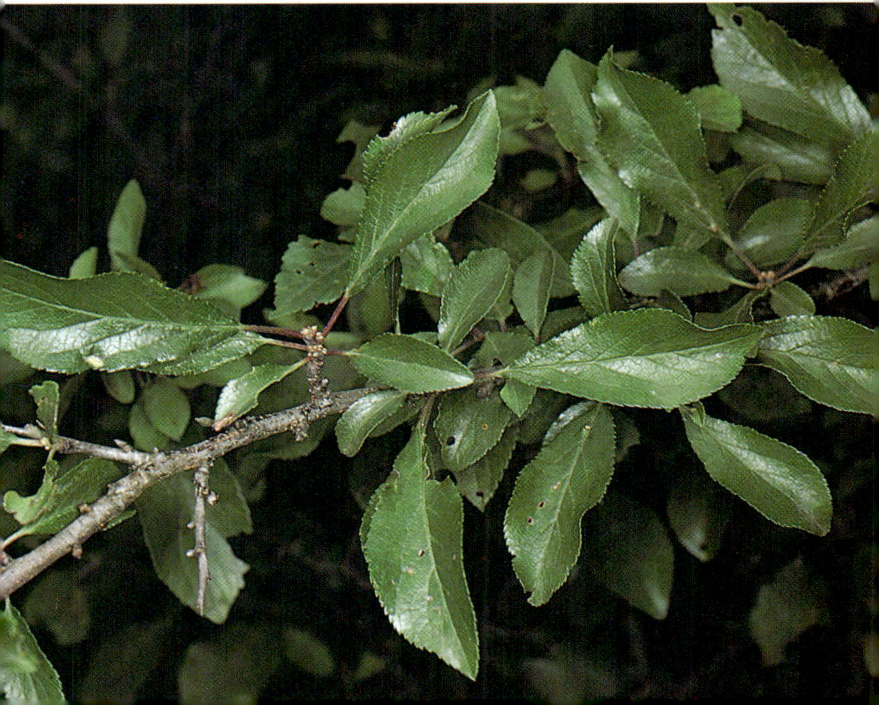

Alpen-Johannisbeere
Ribes alpinum L. $\boxed{\text{F}}$ S. 165

Stachelbeergewächse, Grossulariaceae. **Merkmale:** Sommergrüner, reichverzweigter, 1–2 m hoher Strauch. Junge Zweige kahl, mit hell- oder graubrauner Rinde, die sich später in Streifen ablöst. Winterknospen eiförmig,
5–7 mm lang, hell- bis gelbbraun. Blätter wechselständig, 10 mm lang
gestielt; Spreite im Umriß eiförmig oder dreieckig, 3- bis 5-lappig, beiderseits zerstreut drüsig; oberseits dunkelgrün, unterseits hellgrün, glänzend;
Blattrand grob gesägt. Blüten in aufrechten Trauben, meist eingeschlechtig
und zweihäusig verteilt, 2–3 mm lang gestielt; Blütenhülle doppelt, 5-zählig;
Kelchblätter 2–3 mm lang, grünlich; Kronblätter ca. 1 mm lang, grünlichgelb; männliche Blütenstände 10- bis 30-blütig, Staubblätter 5; weibliche
Blütenstände 2- bis 5-blütig, Fruchtknoten unterständig. Beere kugelig,
kahl, 5 mm groß, glänzend rot. Blütezeit: April bis Mai; Fruchtreife: Juni bis
Juli. **Standort:** Auf nährstoff- und basenreichen, lockeren Auen-, Lehm- und
Steinböden. In Auenwäldern, lichten Kiefern- und Laubmischwäldern, an
Waldsäumen und in Hochstaudengesellschaften. **Verbreitung:** Europa, Kaukasus, Nordwestafrika. Im Süden nur in Gebirgslagen, im Norden auch im
Tiefland. In Mitteleuropa zerstreut. In den Nordalpen bis zu 1600 m, in den
Südalpen bis 2000 m hoch ansteigend.
Die Gattung *Ribes* ist mit 150 Arten vorwiegend in den gemäßigten Breiten
der Nordhemisphäre beheimatet. In der mitteleuropäischen Flora gibt es
6 Arten. Die recht unscheinbaren Blüten werden von Bienen und Fliegen
bestäubt. Die Früchte schmecken zwar fade, sind aber ungiftig. Sie enthalten Fruchtsäuren, Apfel- und Zitronensäure, und Vitamin C. Verbreitet werden sie durch Vögel.

Stachelbeere
Ribes uva-crispa L. $\boxed{\text{F}}$ S. 162

Stachelbeergewächse, Grossulariaceae. **Merkmale:** Sommergrüner, reichverzweigter, 0,5–1,5 m hoher, dornig-bewehrter Strauch. Junge Zweige
graubraun, behaart; Rinde sich später längsrissig lösend. Sproßsystem
deutlich in Lang- und Kurztriebe gegliedert; Zweige mit 7–15 mm langen,
einfachen oder 3-teiligen Dornen. Winterknospen länglich-eiförmig, 5–6 mm
lang, braun. Blätter wechselständig an den Langtrieben, rosettig genähert
an Kurztrieben, 10–20 mm lang gestielt; Spreite im Umriß stumpf-dreieckig,
1,5–4 cm lang, 2–5 cm breit, 3- bis 5-lappig und unregelmäßig grob gesägt
oder gekerbt; oberseits verkahlend, unterseits behaart bleibend. Blüten
zwittrig, zu 1–3 blattachselständig an Kurztrieben, Blütenhülle 5-zählig;
Kelch 2–2,5 mm lang, eingetrocknet bis zur Fruchtreife bleibend; Kronblätter kürzer als der Kelch und die 5 Staubblätter; Fruchtknoten unterständig.
Beere mehrsamig, erbsengroß, grün oder gelblich. Blütezeit: April bis Mai;
Fruchtreife: Juli bis August. **Standort:** Auf nährstoff- und basenreichen,
humosen oder steinigen Lehm- und Tonböden. In Auen- und Schluchtwäl-
dern, an Waldsäumen und Waldwegen. **Verbreitung:** Eurasien. In Mitteleu-
ropa vom Tiefland bis zu 1100 m Höhe in den Alpen.
Die angenehm duftenden Blüten der Stachelbeere werden von Fliegen,
Hummeln und Bienen bestäubt. Vögel verbreiten die Samen.
Die Stachelbeere ist seit dem 16. Jahrhundert eine Kulturpflanze. Die
Früchte sind erheblich größer als bei der Wildform. Sie enthalten viel Zuk-
ker, Fruchtsäuren und Vitamin C.

Gewöhnlicher Efeu Foto: oben Blütensprosse, unten Klettersprosse
Hedera helix L. F S. 161

Araliengewächse, Araliaceae. **Merkmale:** Immergrüner, auf dem Erdboden kriechender oder bis 20 m hoch an Bäumen und Felsen aufsteigender Kletterstrauch. Sprosse von zweierlei Gestalt: Kriech- und Klettersprosse anfangs abgeflacht, unterseits mit büschelig oder bandartig angeordneten, 5 mm langen Haftwurzeln; dicke, beschattete Sprosse auch allseitig bewurzelt. Blühende Sprosse gerundet, wurzellos, grün, abspreizend oder überhängend. Blätter an Klettersprossen zweizellig angeordnet, 1,5–10 cm lang gestielt; Spreite von sehr unterschiedlicher Größe, im Umriß dreieckig, 3- bis 5-lappig; oberseits dunkelgrün, mit heller Aderung; unterseits viel heller. An Blütensprossen wechselständig, ungelappt, rautenförmig, glänzend, 3–10 cm lang gestielt. Blüten zwittrig, in endständigen, 6–10 cm langen, zusammengesetzten Dolden, deutlich gestielt, gelbgrün, 5-zählig; Kelch unscheinbar; Kronblätter 4 mm lang, sternförmig ausgebreitet; Staubblätter 5, etwas kürzer als die Krone; Fruchtknoten halbunterständig, oben mit auffälliger Nektarscheibe zwischen Staubblättern und Griffel. Frucht eine kugelige, 8–10 mm große, blauschwarze Steinfrucht; Steinkerne dünnschalig, 6 mm groß, mit gerunzelten, braunen Samen; Fruchtfleisch mehlig. Blütezeit: September bis Oktober; Fruchtreife: Februar bis April. **Standort:** Auf feuchten, nährstoffreichen Mull- und Lehmböden. In Auenwäldern, Buchen-, Eichen- und Laubmischwäldern. Bevorzugt in wintermilder, luftfeuchter Klimalage. **Verbreitung:** Europa bis Westasien, Kaukasus. In Mitteleuropa vor allem im Westen und Süden; in den Mittelgebirgen bis etwa 800 m, in den Nordalpen bis 1200 m hoch ansteigend.

Die Gattung *Hedera* umfaßt 15 Arten in Eurasien und auf den Kanaren. In Mitteleuropa ist nur 1 Art heimisch.

Der Gewöhnliche Efeu ist der einzige heimische Wurzelkletterer. Die Haftwurzeln sterben zwar bald ab, verholzen jedoch und sorgen so für einen dauerhaften Kontakt mit der Haftfläche. Die Efeublüten bilden reichlich Nektar. Sie werden von Wespen, Bienen und Fliegen bestäubt. Die Früchte reifen erst im folgenden Jahr. Efeu und Herbstzeitlose sind die einzigen heimischen bedecktsamigen Pflanzen, bei denen Blüte und Fruchtreife in zwei verschiedene Vegetationsperioden fallen. Die Früchte werden von Vögeln, vor allem Amseln, Stare, Drossel-Arten, Rotkehlchen und Mönchsgrasmücken verbreitet. Die Samen keimen vor allem an schattigen Orten. Jungpflanzen beginnen sehr bald zu kriechen. Mit 8–10 Jahren erlangen sie Blühreife. Efeustämme vermögen bis in die Wipfel von Bäumen zu klettern. Sie können sehr dick werden und ein Alter von mehr als 100 Jahren erreichen.

Efeu ist giftig! In allen Pflanzenteilen sind Saponine enthalten. Da die Früchte bitter schmecken und ein leichtes Brennen im Rachen verursachen, kommt es jedoch selten zu Vergiftungen. Vergiftungssymptome sind Erbrechen und Durchfall. Die Blätter und Wurzeln können bei Berührung Hautentzündungen hervorrufen.

Efeu ist häufig angepflanzt. An Mauern vermag er große Flächen zu bedecken. Vom Gewöhnlichen Efeu gibt es auch zahlreiche Kulturformen, die sich vor allem durch die recht unterschiedlich geformten Blätter unterscheiden. Groß ist auch die Zahl der panaschierten Formen.

In den milden Lagen Mitteleuropas ist bisweilen der Kolchische Efeu *(Hedera colchica)* angepflanzt, dessen Blätter größer als die des heimischen Efeus und dunkler gefärbt sind.

Ahornblättrige Platane, Bastard-Platane

Platanus x *acerifolia* (Aiton) Willdenow

F S. 153   K S. 173
R S. 183   S S. 20

Platanengewächse, Platanaceae. **Merkmale:** Sommergrüner, breitkroniger, bis 35 m hoher Baum mit meist nur kurzem Stamm und kräftigen Ästen. Junge Zweige hin und her gebogen, anfangs filzig behaart, später verkahlend, olivgrün, glänzend. Borke gelb bis grau, sich jährlich in großen, dünnen Platten lösend; Stämme und Äste daher auffällig gemustert. Winterknospen länglich-eiförmig, 6–8 mm lang, grün, sonnenseits rot, glänzend. Blätter wechselständig, lederig, 5–10 cm lang gestielt; Spreite 5-lappig, 15–25 cm lang und ebenso breit, am Grunde gestutzt oder schwach herzförmig; oberseits verkahlend, unterseits auf den Adern behaart; Nebenblätter zu einem auffälligen, die Sproßachse umhüllenden, kerbig-eingeschnittenem Kragen verwachsen. Blüten unscheinbar, gelbgrün, in eingeschlechtigen, lang gestielten, hängenden Ständen; Bäume einhäusig; Teilblütenstände kugelig, zu 2–3 beieinander, 7–10 mm groß. Männliche Blüten mit unscheinbarer Blütenhülle und 3–4 Staubblättern; weibliche Blüten mit 5–9 oberständigen, freien Fruchtblättern und langen, bis zur Fruchtreife bleibenden Griffeln; sich zu 8–10 mm langen, 4-kantigen, behaarten, keulenförmigen Nüßchen entwickelnd; Fruchtstände zur Reife 15–20 cm lang, Teilfruchtstände kugelig, 3–4 cm dick. Blütezeit: Mai; Fruchtreife: September bis Oktober. **Standort:** Auf mittel- bis tiefgründigen, feuchten Auen- und Lehmböden; in freier, vollsonniger Lage.

Die Gattung *Platanus* umfaßt 10 Arten, die meisten sind in Nordamerika beheimatet. In Mitteleuropa ist keine Art heimisch. Die nächsten natürlichen Platanenvorkommen sind die der Morgenländischen Platane *(Platanus orientalis)* im südöstlichen Europa. Die bei uns häufig als Straßen- oder Parkbaum angepflanzte Ahornblättrige Platane ist vermutlich ein Bastard zwischen der Morgenländischen Platane und der aus dem östlichen Nordamerika stammenden Amerikanischen Platane *(Platanus occidentalis)*.

Platanen sind windblütig. Die Blüten erscheinen mit den Blättern. Selbst die Blütenstände sind wenig auffällig. Die Früchte überwintern in der Regel am Baum. Erst im Spätwinter oder im zeitigen Frühjahr lösen sich die Fruchtstände auf oder fallen zu Boden. Die mit einem Faserschopf versehenen Nüßchen können dann vom Wind verbreitet werden. Die Samen keimen an feuchten und warmen Stellen. Nicht selten finden wir Jungpflanzen zwischen Steinen von Uferbefestigungen, im Straßenpflaster oder in Mauerspalten.

Sowohl die Morgenländische als auch die Amerikanische Platane sind Gehölze feuchter Standorte und wachsen zumeist gewässerbegleitend. Die Ahornblättrige Platane hingegen vermag, trotz großer Wasserbedürftigkeit, als eine der wenigen Baumarten im Zentrum der Großstädte zu gedeihen, wo sie Lufttrockenheit, sommerliche Hitze und Abgase aushalten muß.

Bilden Platanen normalerweise große und breite Kronen, so vertragen sie, beispielsweise an Promenaden angepflanzt, über Jahrzehnte hinweg einen jährlichen, kräftigen Rückschnitt. Platanen können sehr alt werden und, zumindest die Morgenländische Platane, Stämme von mehreren Meter Dicke erreichen. In neuerer Zeit werden Platanen von einem Pilz, *Gloeosporium nervisequum,* befallen. Die ersten, noch im Austrieb befindlichen Blätter beginnen abzusterben und einzutrocknen, fallen jedoch nicht ab. Nachfolgende Blätter hingegen bleiben verschont.

Eßkastanie

Castanea sativa Miller |F| S. 153 |K| S. 173 |R| S. 182

Buchengewächse, Fagaceae. **Merkmale:** Sommergrüner, bis 30 m hoher Baum mit starken Ästen und breit ausladender Krone. Stammborke längsrissig, graubraun. Junge Zweige kahl, olivgrün bis graubraun. Winterknospen eiförmig, 6–8 mm lang, hell- bis rotbraun; Endknospe fehlend. Blätter wechselständig, 2–3 cm lang gestielt; Spreite länglich-lanzettlich, 15–30 cm lang, 5–8 cm breit, lang zugespitzt; oberseits kahl, dunkelgrün glänzend; unterseits heller, bald verkahlend; Blattrand grob grannenspitzig gezähnt. Herbstfärbung gelb. Blüten eingeschlechtig, unscheinbar, in 15–20 cm langen Ständen; Bäume einhäusig. Weibliche Blüten am Grunde des Blütenstandes zu 1–3, von einem Fruchtbecher eingeschlossen; männliche Blüten zahlreich im oberen Teil des Blütenstandes, mit 8–12 langgestielten, weißen Staubblättern. Frucht eine glatte, 2–3 cm lange Nuß mit lederiger Fruchtwand, zu 1–3 in einem 8–10 cm großen, stacheligen Fruchtbecher eingeschlossen, der sich zur Reife öffnet. Blütezeit: Juni bis Juli; Fruchtreife: Oktober. **Standort:** Auf mittel- bis tiefgründigen, nährstoff- und basenreichen Silikatböden oder sandigen Lehmböden. Kalkmeidend! In lichten Laubmischwäldern oder ausgedehnte Reinbestände bildend. Vorzugsweise in sommerwarmer, wintermilder Klimalage. **Verbreitung:** Südliches Europa, von Südfrankreich bis zur Balkan-Halbinsel, Kleinasien und Kaukasus.

Zur Gattung *Castanea* werden 12 Arten gezählt, die in Europa, Asien und Nordamerika beheimatet sind. Das heutige Verbreitungsgebiet der Eßkastanie ist wesentlich größer als das ursprüngliche, natürliche Areal. Die Vorkommen auf der Iberischen Halbinsel und in Teilen Frankreichs sind sicher nicht ursprünglich. In Italien hingegen, z.B. in den Apenninen, treffen wir ausgedehnte Eßkastanienwälder an.

Die Vorkommen nördlich der Alpen sind wohl auf die Römer zurückzuführen. In Bereichen mit Weinbauklima hat sich die Eßkastanie eingebürgert, gelangt zur Fruchtreife und bildet sich selbst verjüngende Bestände. Die Hauptvorkommen in Deutschland gibt es am Westhang des Schwarzwaldes und Odenwaldes und in der Vorderpfalz. Die Eßkastanie bildet hier Reinbestände oder wächst vergesellschaftet mit der Trauben-Eiche.

Die Blüten der Eßkastanie sind zwar klein und unscheinbar, die Blütenstände hingegen sehr auffällig. Die Blüten duften intensiv nach Trimethylamin und produzieren Pollen und Nektar. Blütenbesucher sind Insekten, Käfer, Bienen und Hummeln. Die Früchte werden von Hähern und Krähen, Siebenschläfern und Eichhörnchen verbreitet. Junge Bäume erlangen mit 20–25 Jahren Blühreife. Eßkastanien können sehr alt werden. Wenngleich Schätzungen von 1000 Jahren wohl zu hoch sein dürften, erreichen sie im natürlichen Areal sicher ein Alter von 500 Jahren. Die Stämme, die häufig Drehwuchs zeigen, können mehr als 1 m dick werden. Das Holz der Eßkastanie wird im Schiffsbau und zur Herstellung von Faßdauben verwendet, da es gegen Feuchtigkeit sehr widerstandsfähig ist. Eßkastanien wurden früher häufig in Niederwaldkultur gezogen, da die Stämme sehr ausschlagskräftig sind. Bei einem Umtrieb von 15–20 Jahren erzielte man schlanke Stämme und Äste, die vor allem zu Rebpfählen verwendet wurden.

Die Früchte der Eßkastanie enthalten 43% Stärke, 2,5% Fett und 39% Wasser. Vor allem im Mittelmeergebiet sind sie ein wichtiges Nahrungsmittel. Bei uns werden sie meist geröstet als Maronen verzehrt. Sie sind aber auch roh wohlschmeckend.

Stiel-Eiche

Quercus robur L.

Foto rechts: ♂ Kätzchen

| F | S. 154 | K | S. 172 | R | S. 183 | S | S. 20

Buchengewächse, Fagaceae. **Merkmale:** Sommergrüner, meist nur kurz-stämmiger, 30–40 m hoher Baum mit starken Ästen und dichter, breiter Krone. Borke dick, längsrissig-netzig gerippt, tief gefurcht, dunkelgrau. Junge Zweige graugrün bis graubraun. Winterknospen eiförmig, 5–8 mm lang; Endknospe dicht von Seitenknospen umgeben. Blätter wechselstän-dig, 2–7 mm lang gestielt; Spreite im Umriß verkehrt-eiförmig, 10–15 cm lang, 5–8 cm breit, jederseits mit 5–6 rundlichen Buchten und ganzrandigen Lappen; oberseits tiefgrün, glänzend; unterseits heller und auf den Adern behaart. Blüten unscheinbar, in eingeschlechtigen Ständen; Pflanze einhäu-sig. Männliche Kätzchen büschelig gehäuft am Grunde von Jungtrieben, 2–4 cm lang, hängend, gelbgrün; weibliche Blüten an der Spitze von Jung-trieben in lang gestielten, 1- bis 3-blütigen Ähren. Eicheln 2–3,5 cm lang, im unteren Drittel von einem Fruchtbecher umhüllt. Blütezeit: April bis Mai; Fruchtreife: September bis Oktober. **Standort:** Auf tiefgründigen, feuchten und nährstoffreichen Lehm- und Sandböden. In Reinbeständen oder in Laubmischwäldern. **Verbreitung:** Europa, Nordanatolien, Kaukasus. In Mit-teleuropa vom Tiefland bis zu 1000 m Höhe in den Alpen.

Die Stiel-Eiche ist wie alle Eichen-Arten windblütig. Ihre Früchte werden vor allem von Hähern und Eichhörnchen verbreitet. Eicheln enthalten bis zu 38% Stärke. Sie spielen eine große Rolle für das Rotwild. Früher dienten Eicheln auch zur Schweinemast. Für den Menschen sind sie nicht genieß-bar, da sie Bitterstoffe enthalten. Junge Eichen werden mit 15–20 Jahren blühreif. Eichenstämme können bis zu 2 m dick werden. Das Holz ist wert-voll und zeichnet sich durch Festigkeit und Elastizität aus.

Trauben-Eiche

Quercus petraea (Mattuschka) Lieblein

Foto rechts: ♂ Kätzchen

| F | S. 154 | S | S. 20

Buchengewächse, Fagaceae. **Merkmale:** Sommergrüner, 20–30 m hoher Baum mit breiter Krone. Stamm bis hoch in die Krone reichend, mit längs-gerippter, graubrauner Borke. Junge Zweige olivgrün bis braun, kahl und glänzend. Winterknospen eiförmig, 4–8 mm lang; Endknospe dicht von Sei-tenknospen umgeben. Blätter wechselständig, 2–2,5 cm lang gestielt; Spreite im Umriß verkehrt länglich-eiförmig, 10–12 cm lang, 5–7 cm breit, jederseits mit 5–7 engen Buchten und ganzrandigen Lappen; oberseits tief-grün, kahl; unterseits graugrün, auf den Adern behaart und mit rostroten Achselbärten. Blüten eingeschlechtig, unscheinbar, in getrennten Ständen; Pflanze einhäusig. Männliche Kätzchen am Grunde junger Triebe, bis 6 cm lang hängend, gelblich; weibliche Blüten zu 1–5, fast ungestielt, an der Spitze junger Triebe. Eicheln eiförmig, 2–3 cm lang, zu ¼ in einem Fruchtbe-cher steckend. Blütezeit: April bis Mai; Fruchtreife: September bis Oktober. **Standort:** Auf mittelgründigen, nährstoffarmen bis mäßig nährstoffreichen, sauren Stein- und Lehmböden. In Reinbeständen oder vergesellschaftet mit Hainbuche, Stiel-Eiche und Buche. **Verbreitung:** Europa bis Kleinasien. In Mitteleuropa vom Tiefland bis zu 700 m Höhe in den Nordalpen; in den Südalpen bis 1600 m.

Die Trauben-Eiche verträgt mehr Wärme und Trockenheit als die Stiel-Eiche, meidet hingegen Staunässe. Sie kann 500–800 Jahre alt werden. Die Gat-tung *Quercus* weist 450 Arten auf. In der heimischen Flora sind 3 Arten ver-treten.

Gewöhnliche Buche, Rot-Buche
Fagus sylvatica L.

Foto unten: ♀ (oben links) und ♂ Blütenstände

F S. 153   K S. 174   R S. 182

Buchengewächse, Fagaceae. **Merkmale:** Sommergrüner, reichverzweigter, 25–30 m hoher Baum mit dichter, breiter Krone und langem Stamm. Borke dünn, glatt, silbergrau. Junge Zweige hin und her gebogen, dünn, grau- bis rotbraun, anfangs behaart. Wipfeltriebe junger Bäume meist überhängend. Winterknospen spindelförmig, lang zugespitzt, 2–3 cm lang, silbrig-hellbraun. Blätter 2-zeilig angeordnet, 10–15 mm lang gestielt; Spreite elliptisch bis eiförmig, 5–10 cm lang, 3–7 cm breit, anfangs seidig behaart, später oberseits verkahlend, glatt und glänzend; unterseits an den Adern behaart und mit Achselbärten: Blattrand wellig buchtig bis leicht gekerbt. Blüten unscheinbar, in eingeschlechtigen, hängenden Ständen an jungen Trieben, mit den Blättern erscheinend; Pflanze einhäusig. Männliche Stände rundlich, bis 2 cm lang gestielt, Blüten mit 5- bis 6-teiliger Blütenhülle und 4–15 Staubblättern; weibliche Blütenstände 2-blütig, von einem später verholzenden Fruchtbecher umgeben. Frucht eine 2 cm lange, eiförmige, kantige, 1-samige Nuß. Blütezeit: April bis Mai; Fruchtreife: September bis Oktober. **Standort:** Auf gut drainierten, mittelgründigen, oft sandig-steinigen Lehmböden, sowohl auf kalkhaltigem als auch saurem Untergrund. In Reinbeständen oder vergesellschaftet mit Eichen, Tannen oder Fichten. **Verbreitung:** Europa. Im südlichen Europa in den Höhenlagen der Gebirge. In Mitteleuropa weit verbreitet, vom Tiefland bis zu 1600 m Höhe.

Zur Gattung *Fagus* werden 10 Arten gezählt, die in der gemäßigten Zone Eurasiens und Nordamerikas beheimatet sind. Die Gewöhnliche Buche ist die einzige in Mitteleuropa vorkommende Art.

Buchen sind windblütig. Die Früchte, die sog. Bucheckern, sind bis zur Reife in einer verholzten, sich später 4-klappig öffnenden Fruchtstandshülle eingeschlossen. Bucheckern werden vor allem von Eichhörnchen, Tauben und Eichelhähern verbreitet. Die Früchte enthalten bis zu 46% fette Öle, Verbindungen vorwiegend der Öl- und Linolsäure. In Notzeiten wurde dieses Öl gewonnen und zu Speisezwecken verwendet. Buchen fruchten nicht in jedem Jahr gleichmäßig reich. Nur alle 5–10 Jahre gibt es sog. Mastjahre.

Buchen keimen auch im Halbschatten oder Schatten. Unter günstigen Bedingungen sind sie mit 15–20 Jahren blühfähig. Sie erreichen ein durchschnittliches Alter von 150 Jahren, können jedoch auch 300 Jahre alt werden. Ihre Stämme sind dann bis zu 1 m dick.

Die Gewöhnliche Buche ist Mitteleuropas wichtigste und häufigste Laubholzart. Buchenwälder finden wir vor allem in wintermilder und sommerfeuchter Klimalage. Die Niederschlagshöhe muß mindestens 500 mm im Jahr betragen. Gegen Trockenheit ist die Buche ebenso empfindlich wie gegen Staunässe. Reinbestände begegnen uns vor allem in der Hügel- und Gebirgsstufe. In den Hochlagen der Mittelgebirge, z. B. im Schwarzwald, bildet die Buche Mischwälder mit der Tanne und Fichte.

Früher war die Buche in Mitteleuropa der vorherrschende Laubbaum. Durch die systematische Anpflanzung der Fichte, beginnend im 18. Jahrhundert, ging ihr Anteil gebietsweise erheblich zurück.

Das Holz der Buche ist im Kern weißlichgrau bis rötlich getönt. Es wird für Sitzmöbel, Spielzeug, Parkett, zu Sperrholzplatten und zu Schälfurnieren verwendet.

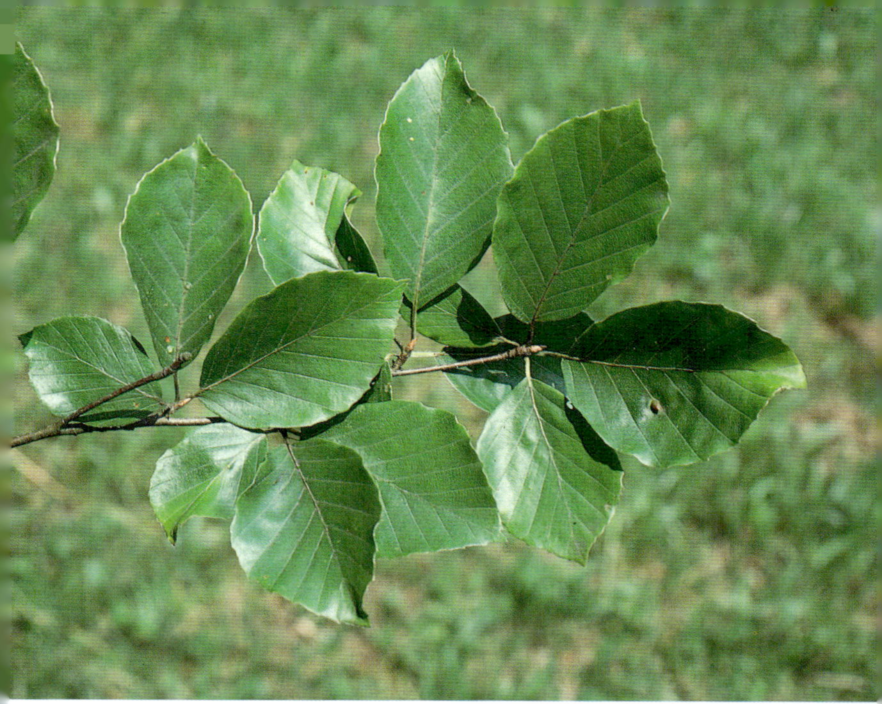
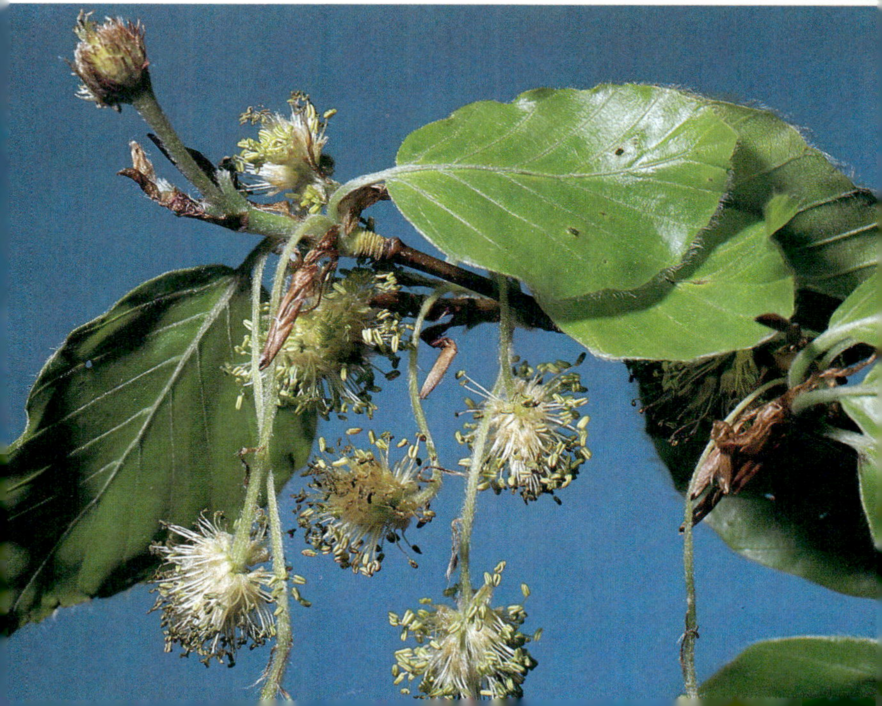

Hainbuche, Weißbuche
Carpinus betulus L.

Foto unten: ♂ und ♀ Kätzchen

F S. 157   K S. 174   R S. 182

Birkengewächse, Betulaceae. **Merkmale:** Sommergrüner, reichverzweigter, bis 25 m hoher Baum mit anfangs kegelförmiger, dichter, im Alter weit ausladender, breiter Krone. Junge Zweige leicht hin und her gebogen, anfangs anliegend behaart, bald verkahlend, olivgrün bis rotbraun. Rinde lange glatt bleibend. Borke glatt, mit breitem, längsverlaufenden Netzmuster, auch im Alter kaum aufreißend, erhabene Flächen silbergrau, tiefere Stellen graubraun bis dunkelgrau. Winterknospen schmal-eiförmig bis spitz-kegelförmig, braun bis rotbraun, 7–10 mm lang; Endknospe fehlend. Blätter 2-zeilig angeordnet, bis 15 mm lang gestielt; Spreite eiförmig bis elliptisch, zugespitzt, 5–10 cm lang, 3–6 cm breit; oberseits dunkelgrün, verkahlend; unterseits heller, auf den Adern und in den Aderachseln behaart; Blattrand doppelt gesägt; Nervatur beidseitig auffällig, Seitenadern parallel. Herbstfärbung gelb. Blüten unscheinbar, ohne Blütenhülle, mit den Blättern erscheinend, in eingeschlechtigen Kätzchen; Pflanze einhäusig. Männliche Kätzchen gelbgrün, 4–7 cm lang, schlaff hängend, Blüten mit 7–11 Staubblättern; weibliche Kätzchen 3 cm lang. Fruchtstände 6–15 cm lang; Nußfrüchte 5–10 mm groß, einem 3-lappigen Blattorgan anhaftend und sich mit ihm vom Fruchtstand ablösend. Blütezeit: Juni; Fruchtreife: September bis Oktober. **Standort:** Auf mäßig nährstoffreichen, meist tiefgründigen, frischen bis humosen, sandigen oder steinigen Lehmböden. Reinbestände bildend oder in Laubmischwäldern. **Verbreitung:** Europa; von Frankreich bis Westrußland, Nordanatolien, Kaukasus, Nordpersien. In Mitteleuropa weit verbreitet und häufig; vom Tiefland bis zu 1000 m Höhe in den Alpen.

Die Gattung *Carpinus* ist mit 35 Arten in der gemäßigten Zone Eurasiens und Nordamerikas verbreitet. In Mitteleuropa ist nur 1 Art heimisch. Die Hainbuche ist einer der häufigsten heimischen Laubbäume. Sie ist eine Charakterart der Eichen-Hainbuchen-Wälder. Die Hainbuche hat einen höheren Lichtbedarf als die Rot-Buche, liebt mehr Sommerwärme und verträgt eine größere Sommertrockenheit. Hainbuchen haben ein kräftiges Ausschlagsvermögen. Sie sind daher ein wichtiger Bestandteil der früher weit verbreiteten Niederwälder. Auch als Heckengehölz ist die Hainbuche gut geeignet, da sie einen jährlichen kräftigen Rückschnitt über Jahrzehnte hinweg gut verträgt.

Die Früchte werden durch den Wind und durch Tiere verbreitet. Das an der Frucht befindliche Hochblatt fungiert beim freien Fall als Propeller, wodurch die Sinkgeschwindigkeit der Nuß verlangsamt wird und seitliche Luftströmungen verbreitungswirksam ansetzen können. Auch Nagetiere und Vögel tragen zur Verbreitung bei.

Hainbuchen wachsen sehr schnell. Sie verlieren ihr Laub im Herbst nur sehr zögernd. Die Bäume können ein Alter von 150 Jahren erreichen und Stämme von 1 m Dicke haben. Das Holz ist heller als das der Rot-Buche (Name!), sehr hart und fest, dabei jedoch elastisch. Es wird für Werkzeugstiele, Hackbretter und Hackklötze verwendet. Die Hainbuche liefert eine hochwertige Holzkohle.

Hänge-Birke, Warzen-Birke

Foto: links Früchte, rechts Kätzchen

Betula verrucosa Roth   F S.158   K S.176   R S.181   S S.20

Birkengewächse, Betulaceae. **Merkmale:** Sommergrüner, 10–25 m hoher Baum mit lichter Krone und überhängenden Zweigen. Junge Zweige dicht mit warzigen Harzdrüsen besetzt. Rinde junger Bäume weiß, mit langen, horizontalen Korkwarzenbändern; Borke später tief gefurcht, netzig-längsrissig, schwarz. Winterknospen länglich-eiförmig, 6–7 mm lang, olivgrün bis braun. Blätter wechselständig, bis 3 cm lang gestielt; Spreite rautenförmig, lang zugespitzt, 4–7 cm lang; Blattrand doppelt gesägt. Blüten unscheinbar, in eingeschlechtigen Ständen; Pflanze einhäusig. Männliche Kätzchen schon im Sommer gebildet, nackt überwinternd, zur Blüte bis 10 cm lang, schlaff hängend; weibliche Kätzchen aufrecht, zur Reife hängend. Frucht eine 1-samige, seitlich dünnhäutig geflügelte, 3 mm lange Nuß. Blütezeit: April bis Mai; Fruchtreife: August bis September. **Standort:** Auf feuchten bis mäßig feuchten, eher sauren Sand-, Stein- und sandigen Lehmböden. In lichten Laub-, Nadel- und Mischwäldern, Mooren, Magerweiden und Heiden. **Verbreitung:** Europa mit Ausnahme des hohen Nordens und der südlichen Teile der Südhalbinseln; Sibirien, Kaukasus bis Nordpersien.

Birken sind windblütig. Auch die Früchte werden vom Wind verbreitet. Die Hänge-Birke ist ein raschwüchsiges Pioniergehölz auf Kahlschlägen, Brachflächen und auf Trümmergelände. Bereits nach wenigen Jahren sind junge Bäume blühfähig. Hänge-Birken werden 90–120 Jahre alt, ihre Stämme 50–80 cm dick. Die weiße Farbe der Stämme kommt durch Betulin zustande, ein Triterpenderivat, das auch vor Verwesung schützt.

Moor-Birke

Foto rechts: ♂ und ♀ Kätzchen

Betula pubescens Ehrhart   K S.177   R S.181

Birkengewächse, Betulaceae. **Merkmale:** Sommergrüner, häufig mehrstämmiger, 5–30 m hoher Baum mit aufsteigenden oder waagerecht abstehenden, kaum überhängenden Zweigen. Junge Triebe dicht kurzflaumig behaart, drüsenlos, grau- bis rotbraun. Rinde schmutzig- oder rötlichweiß, sich in Ringen ablösend. Borkenbildung spät einsetzend; meist nur am Grunde mit längsrissiger, schwarzer Borke. Winterknospen grünbraun, länglich-oval, 7–10 mm lang. Blätter wechselständig, bis 2,5 cm lang gestielt; Spreite rhombisch, 3–5 cm lang, 1,5–3,5 cm breit, kurz zugespitzt; Blattrand einfach oder doppelt gesägt; oberseits kahl, dunkelgrün; unterseits heller, behaart oder verkahlend. Blüten unscheinbar, in eingeschlechtigen Kätzchen; Pflanze einhäusig. Männliche Kätzchen im Vorjahr gebildet, nackt überwinternd, bis 8 cm lang, schlaff hängend; weibliche Kätzchen aufrecht, zur Reife bis 4 cm lang, hängend. Frucht eine 1-samige, seitlich dünnhäutig geflügelte, 2,5 mm lange Nuß. Blütezeit: April bis Mai; Fruchtreife: August bis September. **Standort:** Auf feuchten bis staunassen, mäßig nährstoffreichen, sauren Sand-, Lehm- und Moorböden. In Eichen- und Birkenwäldern sowie in Birken- und Erlenbrüchen. **Verbreitung:** West-, Mittel- und Nordosteuropa bis Sibirien. In Mitteleuropa vom Tiefland bis zu einer Höhe von 2200 m in den Alpen.

Die Gattung *Betula* umfaßt 60 Arten; 4 sind in Mitteleuropa vertreten. Die Moor-Birke ist ein vielgestaltiges Gehölz. Im Tiefland tritt sie uns als Baum mit gelblich- bis grauweißer Rinde entgegen. In höheren Lagen wächst sie meist als Großstrauch oder kleiner Baum mit gelblich-rötlicher bis schwärzlicher Rinde und kahlen oder nur schwach behaarten Zweigen.

Grün-Erle

Foto: links Zapfen, rechts ♂ und ♀ Kätzchen

Alnus viridis (Chaix) De Candolle   **[F]** S. 158

Birkengewächse, Betulaceae. **Merkmale:** Sommergrüner, reich verzweigter, aufrechter, 1–3 m hoher Strauch. Junge Zweige olivgrün bis rötlich. Rinde im Alter graubraun bis aschgrau, am Grunde der Stämme in eine schwarze Borke übergehend. Winterknospen länglich-eiförmig, bis 10 mm lang, rotbraun. Blätter wechselständig, 10–20 mm lang gestielt; Spreite eiförmig, 5–8 cm lang, zugespitzt, anfangs klebrig; oberseits dunkelgrün; unterseits heller und glänzend, mit braunen Achselbärten; Blattrand einfach oder doppelt gesägt. Blüten unscheinbar, in eingeschlechtigen Ständen, mit dem Laubaustrieb blühend; Pflanze einhäusig. Männliche Kätzchen zu 2–3, schon im Vorjahr ausgebildet, nackt überwinternd, zur Blüte bis 6 cm lang, schlaff hängend; weibliche Blütenstände in den Knospen überwinternd (!), sich erst mit den Blättern entfaltend. Fruchtstände zapfenartig, eiförmig, 10–13 mm lang, bis 7 mm breit; Nüsse 3 mm lang, seitlich schmal geflügelt. Blütezeit: April bis Mai; Fruchtreife: Oktober bis November. **Standort:** Auf wasserzügigen oder sickerfeuchten, mäßig nährstoffreichen, sauren Lehm-, Ton- oder Steinböden. An Steilhängen, Waldrändern oder Bachufern. Vor allem im Bereich der Waldgrenze oft Reinbestände bildend. **Verbreitung:** Europäische Hochgebirge und Hochlagen der Mittelgebirge; in den Alpen vorwiegend in der montanen und subalpinen Zone.

Die Grün-Erle ist ein Pioniergehölz auf Lawinenhängen und ein wichtiger Strauch zur Hangbefestigung. Gleich der Leg-Föhre, die auf Kalkgestein eine ähnliche Funktion ausübt, vermag sie im Winter dicke Schneelagen zu ertragen.

Grau-Erle

Alnus incana (L.) Moench   **[B]** S. 147   **[K]** S. 176, 177   **[R]** S. 181

Birkengewächse, Betulaceae. **Merkmale:** Sommergrüner, meist mehrstämmiger, reichverzweigter, 10–25 m hoher Baum oder Großstrauch. Stamm bis in den Kronenwipfel reichend. Junge Zweige olivgrün bis hellbraun. Rinde der Stämme weißgrau (Name!), glatt, auch im Alter keine Borke bildend. Winterknospen länglich-eiförmig, ca. 8 mm lang, rotbraun, bis 5 mm lang gestielt. Blätter wechselständig, 2–3 cm lang gestielt; Spreite elliptisch bis eiförmig, 4–10 cm lang, kurz zugespitzt; oberseits kahl, dunkelgrün; unterseits blaugrau bis graugrün, anfangs behaart; Blattrand doppelt gesägt. Blüten unscheinbar, in eingeschlechtigen Ständen; Pflanze einhäusig; Stände nackt überwinternd, vor der Laubentfaltung blühend. Männliche Kätzchen zu 3–5, 7–10 cm lang, schlaff hängend; weibliche Blütenstände 3–5 mm groß. Zapfen eiförmig, 13–16 mm lang, 10 mm breit, verholzt; Nußfrüchte 2–3 mm groß, seitlich schmal geflügelt. Blütezeit: März bis April; Fruchtreife: September bis Oktober. **Standort:** Auf nährstoff- und basenreichen, oft kalkhaltigen Ton-, Schotter- und Kiesböden. Gewässerbegleitend, in Auenwäldern und an feuchten Hängen. **Verbreitung:** Nord-, Mittel- und Osteuropa; südlich bis zu den Seealpen, den nördlichen Apenninen und zur Balkan-Halbinsel; östlich bis zum Kaukasus. In Mitteleuropa in den Alpen bis 1600 m hoch ansteigend.

Die Grau-Erle ist ein schnellwüchsiges Pioniergehölz, das bereits nach wenigen Jahren Blühreife erlangt. Grau-Erlen werden kaum älter als 50 Jahre. Weit über ihr ursprüngliches Areal ist die Grau-Erle in Mitteleuropa angepflanzt.

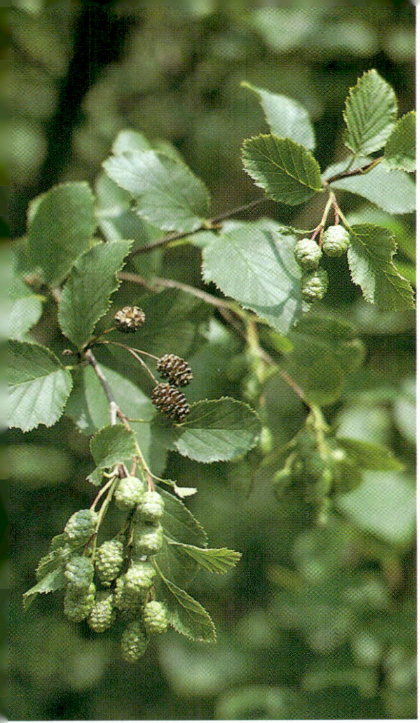
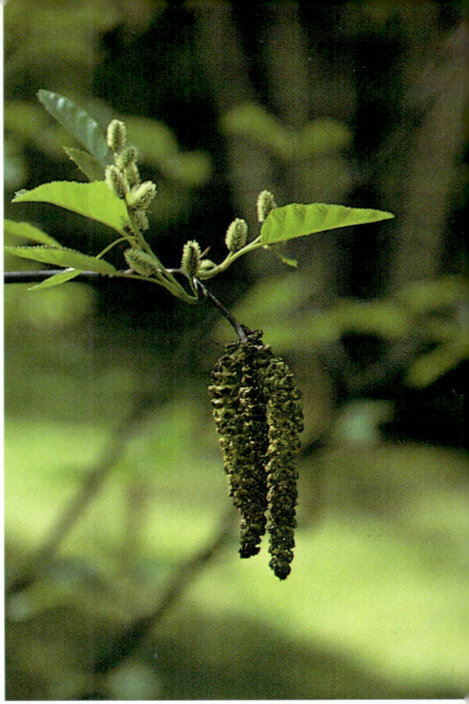
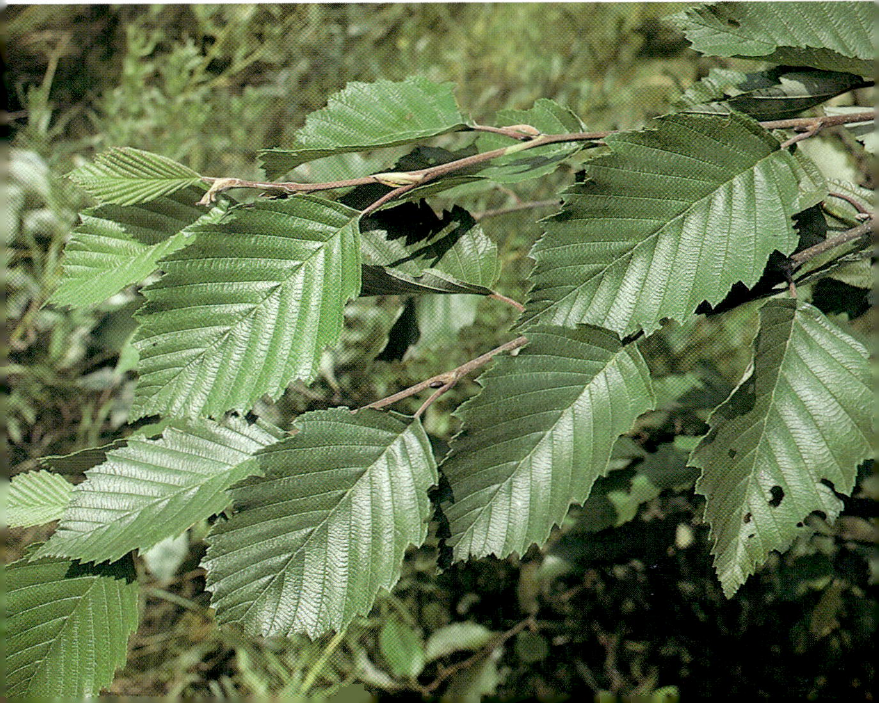

Schwarz-Erle

Alnus glutinosa (L.) Gaertner   B S. 147   F S. 158   R S. 181

Birkengewächse, Betulaceae. **Merkmale:** Sommergrüner, meist einstämmiger, 10–25 m hoher, reichverzweigter Baum. Stamm bis zum Wipfel reichend. Junge Zweige kahl, olivgrün, später braun, glänzend. Borke dunkelgrau bis schwarz, längsrissig gefeldert. Winterknospen gestielt, rotbraun, länglich-eiförmig, 8–9 mm lang. Blätter wechselständig, 10–20 mm lang gestielt; Spreite verkehrt-eiförmig bis rundlich, 4–9 cm lang und fast ebenso breit, am Oberende gestutzt oder ausgerandet; oberseits anfangs klebrig, kahl, dunkelgrün; unterseits heller, mit Achselbärten. Blüten vor den Blättern erscheinend, unscheinbar, in eingeschlechtigen Ständen; Pflanze einhäusig. Männliche Kätzchen zu 2–5, im Vorjahr ausgebildet und nackt überwinternd, 6–12 cm lang, schlaff hängend; weibliche Blütenstände 3–4 mm groß. Zapfen oval, 15–18 mm lang, 10–12 mm breit, verholzt; Nüsse 3 mm lang, seitlich schmal geflügelt. Blütezeit: März bis April; Fruchtreife: September bis Oktober. **Standort:** Auf tiefgründigen, staunassen, auch zeitweise überfluteten, nährstoff- und basenreichen, meist sauren Lehm-, Ton- und Kiesböden. Vorwiegend als Saumgehölz an Gewässern sowie in Auenwäldern. **Verbreitung:** Europa, Westasien, Nordafrika. In Mitteleuropa vom Tiefland bis zu 1200 m Höhe in den Alpen.
Die Gattung *Alnus* umfaßt 35 Arten, in Mitteleuropa sind 3 Arten heimisch. Erlen sind windblütig. Die kleinen Flügelnüsse fallen häufig erst im Frühjahr aus den Zapfen. Sie werden vom Wind und vom Wasser verbreitet. Die Schwarz-Erle kann 100 Jahre alt werden.

Gewöhnliche Hasel

Corylus avellana L.   B S. 145   F S. 154   K S. 176, 177

Birkengewächse, Betulaceae. **Merkmale:** Sommergrüner, vom Grunde an vielstämmiger, 2–6 m hoher Strauch. Rinde graubraun, bald verkahlend, längsrissig. Winterknospen eiförmig, 5–6 mm lang, gelblichgrün bis rotbraun; Endknospe fehlend. Blätter wechselständig, 5–15 mm lang gestielt; Spreite rundlich bis verkehrt-eiförmig, 6–10 cm lang und fast so breit, oben zugespitzt, beidseitig behaart; Blattrand doppelt gesägt. Blüten unscheinbar, in eingeschlechtigen Ständen, lange vor dem Laubaustrieb blühend; Pflanze einhäusig. Männliche Kätzchen im Vorjahr angelegt, als Knospenstand nackt überwinternd, 8–10 cm lang, schlaff hängend; weibliche Blüten in den Knospen geborgen, nur die fädigen Narben herausragend. Früchte in einem tütenförmigen, zerschlitzten Fruchtbecher steckend, hartschalig, 16–18 mm lang, rundlich-eiförmig. Blütezeit: Februar bis März; Fruchtreife: August bis September. **Standort:** Auf tiefgründigen, lockeren, oft steinigen, nährstoffreichen Lehmböden. In lichten Laubwäldern und an Wald- und Gebüschsäumen. **Verbreitung:** Europa, Kleinasien, Kaukasus. In Mitteleuropa weit verbreitet, vom Tiefland bis zu 1400 m Höhe in den Alpen.
Die Gattung *Corylus* umfaßt 15 Arten in Eurasien und Nordamerika. In Mitteleuropa ist nur 1 Art heimisch. Die Nüsse enthalten 60% Fett und 20% Eiweiß. Sie werden von Eichhörnchen, Siebenschläfern, Mäusen, Hähern und Kleibern verbreitet. Die Haselnüsse des Handels stammen nicht von der Gewöhnlichen, sondern von der Lamberts-Hasel *(Corylus maxima),* die bei uns fast ausschließlich als sog. Bluthasel kultiviert wird.

Gagelstrauch
Myrica gale L.　　　　　B S. 147　F S. 158　K S. 176, 177　3

Gagelstrauchgewächse, Myricaceae. **Merkmale:** Sommergrüner, 50–125 cm hoher Strauch mit kurzen Ausläufern. Zweige dunkel- bis rotbraun, locker behaart, dicht mit glänzenden, punktförmigen Harzdrüsen bedeckt. Winterknospen eiförmig, 2 mm lang, rotbraun. Blätter wechselständig, 2–5 mm lang gestielt, spatelförmig, 2,5–6 cm lang, 8–15 mm breit, beidseitig locker behaart und mit Harzdrüsen bedeckt; Blattrand im oberen Teil gesägt. Blüten unscheinbar, in achselständigen Ähren an vorjährigen Zweigen, nackt überwinternd, eingeschlechtig, zweihäusig verteilt; vor dem Laubaustrieb blühend. Männliche Kätzchen 10–15 mm lang; weibliche Kätzchen 5–6 mm lang. Frucht eine 1-samige, mit goldgelben Harzdrüsen bekleidete, 3-spitzige Steinfrucht. Blütezeit: April bis Mai; Fruchtreife: September bis Oktober. **Standort:** Auf nassen bis mäßig feuchten Moorböden und moorigen Sandböden. In Heidemooren, feuchten Heiden und Kiefernwäldern sowie Weidensümpfen. **Verbreitung:** Atlantisches West- und Nordeuropa. In Deutschland vor allem im Nordwesten und Norden.

Die Gattung *Myrica,* bei uns nur durch den Gagelstrauch vertreten, umfaßt 35 Arten. Der Gagelstrauch ist windblütig. Die Früchte sind schwimmfähig und können vom Wasser verbreitet werden. Die Blätter des Gagelstrauches wurden früher als adstringierendes Mittel gegen Hautausschläge und als Abortivum genutzt. Blätter und Blütenstände enthalten ein ätherisches, toxisch wirkendes Öl. In Norddeutschland, Dänemark und Norwegen wurden früher die Blätter dem Bier zugesetzt. Das Bier bekam dadurch eine stark berauschende Wirkung.

Silber-Weide
Salix alba L.

Foto rechts: ♂ Kätzchen
F S. 152　R S. 180

Weidengewächse, Salicaceae. **Merkmale:** Sommergrüner, 10–20 m hoher Baum mit breiter Krone. Zweige oft überhängend, gelbbraun, anfangs anliegend behaart, später verkahlend. Stammborke grau, tiefrissig und breit gerippt. Winterknospen länglich-eiförmig, 5–7 mm lang, dunkel- bis rotbraun. Blätter wechselständig, 5–10 mm lang gestielt; Spreite schmal-lanzettlich, 6–10 cm lang, bis 2 cm breit; oberseits grau- bis dunkelgrün, behaart oder verkahlend; unterseits graublau, anliegend silbrig behaart; Blattrand fein gesägt. Blüten unscheinbar, in eingeschlechtigen, gebogenaufrechten Kätzchen, zweihäusig verteilt. Männliche Kätzchen bis 6 cm lang, mit den Blättern erscheinend; weibliche Kätzen 5 cm lang, zur Reife deutlich gestreckt. Kapseln 4 mm lang, vielsamig. Blütezeit: April bis Mai; Fruchtreife: Juni bis Juli. **Standort:** Auf nassen, periodisch überschwemmten, nährstoff- und basenreichen Auen-, Schlick- und Tonböden. An Gewässern und in Auenwäldern (Weichholzaue). **Verbreitung:** West-, Mittel-, Ost- und Südeuropa, Westasien bis zum Himalaja. In Mitteleuropa vorwiegend im Tiefland und in den Stromtälern; in Gebirgslagen bis zu 900 m Höhe.

Die Silber-Weide ist eine der häufigsten mitteleuropäischen Baumweiden. Sie ist ein schnellwüchsiges Gehölz und kann bis zu 200 Jahre alt werden. Die Stämme erreichen eine Dicke von 1 m. Der Holzkörper ist wenig dauerhaft, alte Stämme sind daher oft hohl. Silber-Weiden wurden früher zur Gewinnung von Weidenruten regelmäßig geschnitten und zählen daher auch zu den Kopfweiden. Silber-Weiden können leicht mit Knack-Weiden *(Salix fragilis)* und Hohen Weiden *(Salix* x *rubens)* verwechselt werden.

Ohr-Weide
Salix aurita L.

Foto: links Nebenblätter, rechts junge Fruchtstände

B S. 144

Weidengewächse, Salicaceae. **Merkmale:** Sommergrüner, mehrstämmiger, reichverzweigter, 2–3 m hoher Strauch. Junge Zweige graubraun, anfangs filzig behaart. Rinde glatt bleibend, später braun oder schwärzlich. Winterknospen braun bis rötlich, bisweilen rot, kahl, eiförmig, 3–5 mm lang, ohne Endknospe. Blätter 4–10 mm lang gestielt; Spreite verkehrt-eiförmig, bis 5 cm lang und 2,5 cm breit, Spitze meist gedreht; oberseits dunkelgrün, netzrunzelig; unterseits weißlich bis blaugrün, mit erhabenem Adernetz; beidseitig behaart; Blattrand unregelmäßig grob gesägt. Nebenblätter nierenförmig, bleibend. Blüten unscheinbar, in eingeschlechtigen Kätzchen, zweihäusig verteilt; vor dem Laubaustrieb erscheinend. Männliche Kätzchen bis 2,5 cm lang; weibliche Kätzchen bis 3 cm lang, fruchtend deutlich gestreckt. Kapsel 7–8 mm lang, vielsamig. Blütezeit: März bis Mai; Fruchtreife: Mai bis Juni. **Standort:** Auf kalkfreien, torfig-humosen, nährstoff- und basenreichen Ton- und Sandböden. In Flachmooren, Quellsümpfen und an Grabenrändern. **Verbreitung:** Europa, Westasien. In Mitteleuropa vom Tiefland bis zu 1800 m Höhe in den Nordalpen.

Die Gattung *Salix* umfaßt 500 Arten; in Mitteleuropa sind 30 Arten heimisch. Die Ohr-Weide ist ein lichtbedürftiges Gehölz, das häufig im Freistand, aber auch vergesellschaftet mit Sal-Weide, Moor-Birke, Grau-Erle, Schwarz-Erle und Faulbaum wächst. Die Blüten bilden reichlich Nektar und Pollen. Blütenbesucher sind vor allem Bienen und Hummeln. Die Samen haben am Grunde einen seidigen Haarschopf, der ihnen ein gutes Flugvermögen verleiht. Sie keimen bereits nach wenigen Tagen.

Sal-Weide
Salix caprea L.

B S. 144   F S. 152   K S. 175

Weidengewächse, Salicaceae. **Merkmale:** Sommergrüner, bis 10 m hoher Baum oder aufrechter Strauch. Junge Zweige behaart, graugrün, später verkahlend, rötlich oder schwärzlich. Borke flach, längsrissig, grau bis schwarzbraun. Winterknospen eiförmig, bis 10 mm lang, kahl, braun oder gelbbraun. Blätter 10–20 mm lang gestielt; Spreite eiförmig bis länglich-elliptisch, 4–12 cm lang, 2–6 cm breit; oberseits dunkelgrün, verkahlend; unterseits meist filzig behaart, graugrün; Spreitenrand gesägt, gewellt. Nebenblätter meist bleibend. Blüten unscheinbar, in eingeschlechtigen, länglich-eiförmigen, bis 3 cm langen Kätzchen, zweihäusig verteilt; lange vor dem Laubaustrieb erscheinend. Fruchtstände lang gestreckt; Kapseln bis 10 mm lang, vielsamig. Blütezeit: März bis Mai; Fruchtreife: Mai bis Juni. **Standort:** Auf nährstoffreichen, humosen, dauerfeuchten, steinigen, sandigen oder reinen Lehmböden. An Wald- und Wegrändern, Waldlichtungen und Brachen, in Kiesgruben und Steinbrüchen, im Saum von Gewässern und in Auenwäldern. **Verbreitung:** Europa bis West- und Nordostasien. In Mitteleuropa vom Tiefland bis zu fast 2000 m Höhe in den Alpen.

Die Sal-Weide ist eine der ersten wichtigen Bienen-Trachtpflanzen, die reichlich Pollen und Nektar bildet. Zwar sind die Zweige als Blumenschmuck sehr beliebt – mit Rücksicht auf blütenbesuchende Insekten sollten sie aber nicht abgeschnitten werden. Die Sal-Weide ist ein raschwüchsiges Pioniergehölz. Die Samen keimen schon nach wenigen Tagen. Jungpflanzen wachsen bis zum Ende der Vegetationsperiode. Schon nach wenigen Jahren sind sie blühfähig.

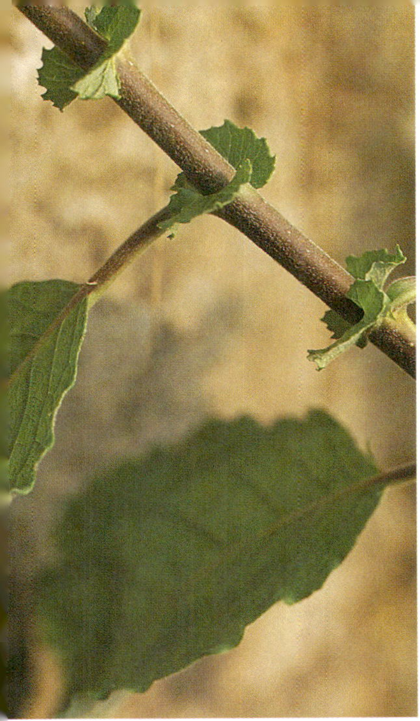
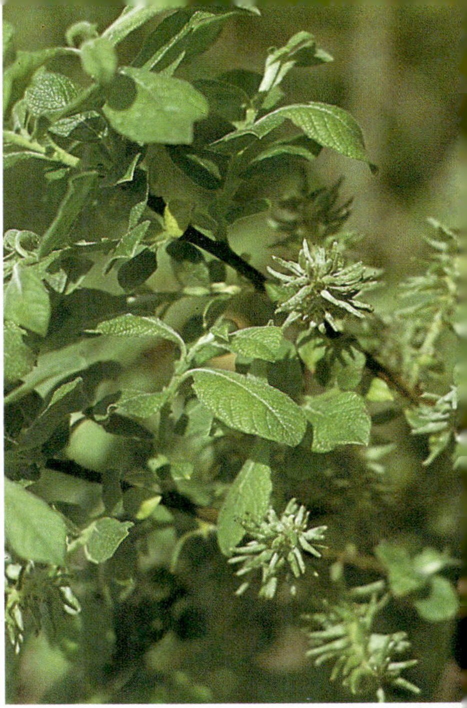
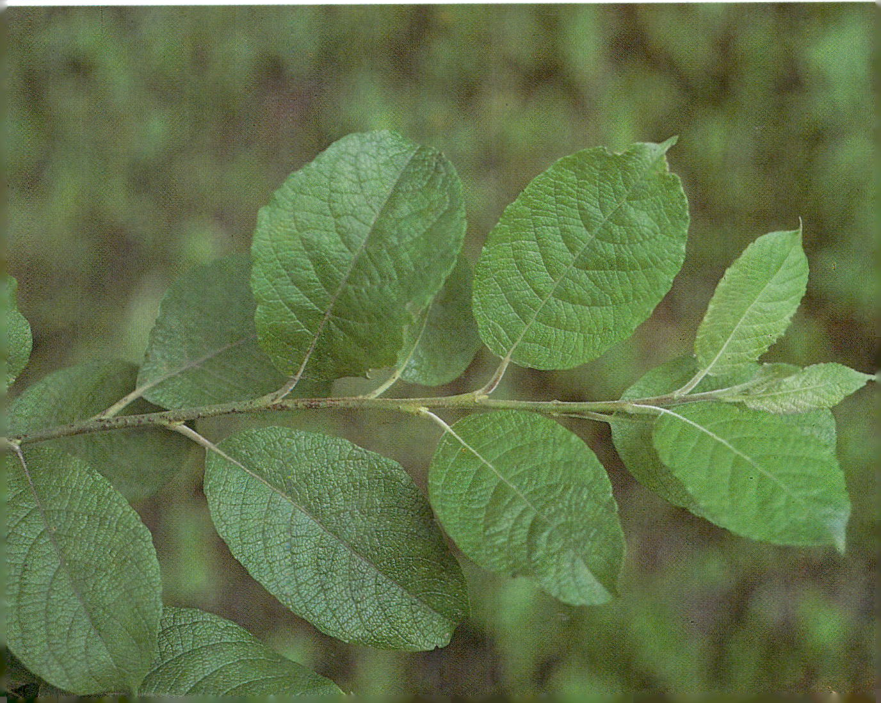

Silber-Pappel

Populus alba L.  　　　　　　　　B　S. 145　　R　S. 180

Weidengewächse, Salicaceae. **Merkmale:** Sommergrüner, 15–30 m hoher, breitkroniger Baum. Junge Zweige weiß- bis graufilzig behaart, später grau bis graubraun. Rinde lange glatt bleibend, zuletzt olivgrün, mit dunklen Korkwarzenbändern. Borke dick, längsgefurcht, dunkelgrau. Winterknospen eiförmig, zugespitzt, 5–7 mm lang, braun. Blätter 2–5 cm lang gestielt; Spreite rundlich bis eiförmig, 4–8 cm lang und breit, zum Teil unregelmäßig 5-lappig; oberseits dunkelgrün, unterseits dicht weißfilzig (Name!). Blüten unscheinbar, in eingeschlechtigen Kätzchen; vor dem Laubaustrieb blühend, zweihäusig verteilt. Männliche Kätzchen 3–7 cm lang, die weiblichen etwas kürzer. Kapseln 3 mm lang, vielsamig. Blütezeit: März bis April; Fruchtreife: Mai bis Juni. **Standort:** Auf nährstoff- und basenreichen, ganzjährig feuchten Lehm- und Tonböden. In Auenwäldern und Flußniederungen. **Verbreitung:** Süd-, Mittel- und Osteuropa bis Westsibirien; Westasien, vom Kaukasus bis zum Himalaja, Nordafrika. In Mitteleuropa vor allem im Oder-, Oberrhein- und Donaugebiet. In den Alpen bis 1500 m hoch ansteigend. In vielen Teilen Europas eingebürgert.

Die Silber-Pappel ist an ihrer filzig-weißen Behaarung gut erkennbar. Sie ist, wie alle Pappeln, windblütig. Die kleinen Samen tragen einen Haarschopf und werden vom Wind verbreitet. Silber-Pappeln erreichen ein Alter von 400–500 Jahren bei einer Stammdicke von über 2 m. Wir finden sie auch häufig in Parks angepflanzt. Das Holz, aus einem schmalen Splint und gelbbraunem bis rötlichgelbem Kern bestehend, ist weich. Man verwendet es in der Möbelschreinerei und zur Herstellung von Reißbrettern und Zigarrenkisten.

Zitter-Pappel, Espe

Populus tremula L. 　　　B　S. 145　　F　S. 152　　K　S. 172　　R　S. 180

Weidengewächse, Salicaceae. **Merkmale:** Sommergrüner, breitkroniger, 10–30 m hoher Baum. Junge Zweige kahl, glänzend, olivgrün bis rotbraun; Rinde später gelbbraun, lange glatt bleibend, mit auffälligen Korkwarzenstreifen. Borke dick, längsrissig, schwarzgrau. Winterknospen länglich-eiförmig bis kegelförmig, 6–8 mm lang, dunkel- oder rotbraun, klebrig. Blätter wechselbeständig, 3–7 cm lang gestielt; Spreite breit-oval oder rundlich, so lang wie der Blattstiel und ebenso breit, anfangs behaart; oberseits dunkel blaugrün, unterseits graugrün; Blattrand grob buchtig gezähnt. Herbstfärbung gelb. Blüten unscheinbar, in 4–10 cm langen Kätzchen, eingeschlechtig, zweihäusig verteilt; vor dem Laubaustrieb blühend. Kapsel 3–4 mm lang, vielsamig. Blütezeit: März bis April; Fruchtreife: Mai bis Juni. **Standort:** Auf nährstoff- und basenreichen, schwach sauren Sand-, Löß-, Lehm- und Steinböden. In lichten Wäldern, auf Kahlschlägen, Steinhalden und in Steinbrüchen. **Verbreitung:** Europa, Sibirien, Nordafrika. In Mitteleuropa vom Tiefland bis zu Höhen von 1800 m in den Alpen.

Die Zitter-Pappel ist ein licht- und wärmebedürftiges, raschwüchsiges Pioniergehölz. Mit Hilfe von Wurzelsprossen vermag sie innerhalb kurzer Zeit dichte Bestände zu bilden. Zitter-Pappeln werden etwa 100 Jahre alt, ihre Stämme bis zu 1 m dick. Sie sind kurzlebiger als Silber- und Schwarz-Pappeln. Das »Zittern« der Blätter bei Luftbewegung kommt durch den Bau des Blattstiels zustande: Er ist, anders als bei den meisten Laubgehölzen, nicht in der Ebene der Blattspreite sondern senkrecht dazu abgeflacht.

Schwarz-Pappel
Populus nigra L.

Foto: unten links Normalform,
unten rechts Pyramidenpappel

B S. 145   F S. 152   R S. 180   3

Weidengewächse, Salicaceae. **Merkmale:** Sommergrüner, bis 30 m hoher Baum mit oft nur kurzem Stamm, lockerer Krone und kräftigen, weit ausladenden Ästen. Junge Zweige glänzend gelbbraun, kahl, knotig. Borke sehr dick werdend, tiefrissig, längsgestreift-netzig, graubraun bis schwarzgrau. Winterknospen länglich-eiförmig, lang zugespitzt, 6–12 mm lang, hell- bis rotbraun, kahl und glänzend, meist klebrig. Blätter wechselständig, 2–6 cm lang gestielt; Spreite dreieckig bis rautenförmig, zugespitzt, am Grunde gestutzt oder breit-keilförmig, 5–8 cm lang und fast ebenso breit, kahl; oberseits dunkelgrün, glänzend; unterseits graugrün; Blattrand gesägt. Herbstfärbung gelb. Blüten unscheinbar, vor den Blättern erscheinend, in eingeschlechtigen Kätzchen, zweihäusig verteilt. Männliche Kätzchen bis 9 cm lang, schlaff hängend; weibliche Kätzchen 10 cm lang, zur Fruchtreife deutlich gestreckt. Kapsel 5–6 mm lang, vielsamig. Blütezeit: März bis April; Fruchtreife: Mai bis Juni. **Standort:** Auf tiefgründigen, nährstoff- und basenreichen Auen-, Sand- und Lehmböden. In Auenwäldern der großen Flußniederungen. **Verbreitung:** Europa, mit Ausnahme des Nordens und Nordostens; bis West- und Mittelasien; Nordwestafrika. Vom Tiefland bis zu den Alpen in Höhen von 1400 m.

Die Gattung *Populus,* mit 35 Arten in den gemäßigten Breiten Eurasiens und Nordamerikas beheimatet, hat in Mitteleuropa 3 Vertreter. Die Schwarz-Pappel tritt uns in zweierlei Gestalt entgegen: Als breitkroniger, mächtiger Baum und als Pyramidenpappel. Die Normalform ist zwar weit über ihr ursprüngliches Areal hinaus, z. B. auf der Iberischen Halbinsel, in Polen und im Baltikum angepflanzt, an ihren ursprünglichen Standorten jedoch oft selten geworden. In Deutschland gilt sie als gefährdet.

Der schnellwüchsige Baum erreicht ein Alter von 300 Jahren und kann Stammdicken von 2 m haben. Das Holz ist im Splint weißlich, im Kern hellbraun. Unter den heimischen Pappel-Arten gilt es als das wertvollste und wird zu Möbeln verarbeitet. Früher fertigte man daraus auch Holzschuhe. Gleich der Zitter-Pappel bildet die Schwarz-Pappel Wurzelsprosse, so daß von einem Baum ein ganzer Bestand ausgehen kann.

Die Pyramidenpappel (*Populus nigra* 'Italica') kommt in Mitteleuropa nicht wild vor. Man vermutet als Ursprungsland Turkestan oder Persien. Die im Mittelrheingebiet wachsenden Pyramidenpappeln sollen aus Frankreich zu uns gelangt sein. Im mittleren und östlichen Deutschland ist sie seit Mitte des 18. Jahrhunderts angepflanzt und dürfte von einem aus der Lombardei nach Wörlitz gebrachten Exemplar abstammen. Fast alle Pyramidenpappeln bei uns sind männlich. Sie werden ausschließlich vegetativ durch Steckhölzer vermehrt.

Die Samenproduktion der Schwarz-Pappel ist enorm. Die sich 2-klappig öffnenden Kapseln entlassen eine Vielzahl kleiner, feinbehaarter Samen, die ein gutes Schwebevermögen haben und von Luftströmungen weit transportiert werden. Zur Fruchtreife können ganze Bäume wie mit Watte bedeckt sein.

An den Blattstielen findet man häufig und in großer Zahl Gallen. Sie werden durch eine Laus *(Pemphigus spirothecae)* hervorgerufen. In 10–20 mm großen, blasig erweiterten Stielgallen entwickeln sich viele Läuse, die im September entlassen werden.

Berg-Ulme

Ulmus glabra Miller   B S. 146   F S. 156   K S. 174   R S. 183

Ulmengewächse, Ulmaceae. **Merkmale:** Sommergrüner, meist langschäftiger, 30–40 m hoher Baum mit rundlicher Krone. Junge Zweige olivgrün bis rotbraun, abstehend behaart; Rinde später grau. Borke längsrissig gerippt, graubraun. Winterknospen eiförmig, 4–6 mm lang, dunkelbraun; Endknospe fehlend. Blätter 2-zeilig angeordnet, 3–5 mm lang gestielt; Spreite verkehrteiförmig oder breit-elliptisch, 10–15 cm lang, oft 3-spitzig; Spreitengrund stark asymmetrisch; oberseits sehr rauh, dunkelgrün; unterseits heller, auf den Adern behaart und mit hellen Achselbärten; Blattrand doppelt gesägt. Herbstfärbung gelb. Blüten in kleinen Trugdolden, unscheinbar, lange vor der Laubentfaltung blühend, zwittrig, braunviolett; Staubblätter 4–5, die Blütenhülle überragend; Fruchtknoten oberständig. Frucht eine ringsum dünn geflügelte, breit-eiförmige bis rundliche, 15–25 mm große Nuß; Samen im Fruchtzentrum liegend. Blütezeit: März bis April; Fruchtreife: Mai bis Juni. **Standort:** Auf nährstoff- und basenreichen, feuchten, lockeren Stein-, Lehm- und Tonböden. In Schluchtwäldern und schattigen Hangwäldern, vorwiegend in der Gebirgsstufe mit luftfeuchtem Klima. **Verbreitung:** Europa bis Westasien, Nordanatolien. In Mitteleuropa in den Alpen bis zu 1400 m.

Die Berg-Ulme ist eine Charakterart der Berg-Ahorn-Eschen-Ulmenwälder und der Linden-Eschen-Ulmenwälder, artenreiche Waldtypen die bei uns sehr selten geworden sind.

Die Berg-Ulme ist schnellwüchsig. Mit etwa 20 Jahren wird sie blühfähig. Sie erreicht ein Alter von 400 Jahren und Stammdicken von 1–2 m. In feuchten Bergwäldern sind Stämme und Äste meist dicht mit Moosen und Flechten bewachsen.

Feld-Ulme

Ulmus carpinifolia Gleditsch   B S. 146   F S. 156   K S. 174   2

Ulmengewächse, Ulmaceae. **Merkmale:** Sommergrüner, bis 40 m hoher Baum mit gerundeter Krone. Junge Zweige olivgrün bis rotbraun, anfangs behaart; Rinde zuletzt graubraun. Borke längsrissig, dick, grau bis graubraun, sich in Schuppen lösend. Winterknospen länglich-eiförmig, 5–6 mm lang, rotbraun; Endknospe fehlend. Blätter 2-zeilig stehend, 2–12 mm lang gestielt; Spreite eiförmig bis elliptisch, 5–12 cm lang und halb so breit, Spreitengrund asymmetrisch; oberseits dunkelgrün, unterseits heller, mit kleinen Achselbärten; Blattrand einfach oder doppelt gesägt. Blüten unscheinbar, vor dem Laubaustrieb erscheinend, zwittrig; Staubblätter 4–5, länger als die Blütenhülle; Fruchtknoten oberständig. Nuß verkehrt-eiförmig, ringsum geflügelt, 13–20 mm lang; Flügelsaum an der Spitze bis zum Samenkörper eingeschnitten. Blütezeit: März bis April; Fruchtreife: Mai bis Juni. **Standort:** Auf nährstoffreichen, wechselfeuchten, lockeren Lehm- und Tonböden. In Auenwäldern, gewässerbegleitend im Bereich der großen Fluß- und Stromtäler. **Verbreitung:** Europa bis Nordpersien, Nordwestafrika. Fehlt in Skandinavien. Vom Tiefland bis in Gebirgslagen um 600 m.

Die Feld-Ulme ist nicht nur ein Gehölz der Auenwälder, sondern auch ein altes Feldgehölz, das häufig kulturbegleitend und siedlungsnah auftritt. Sie ist lichtbedürftig und raschwüchsig. Feld-Ulmen können bis zu 400 Jahre alt werden, die Stämme 1 m Dicke erreichen. Die Feld-Ulme ist vom Ulmensterben besonders stark bedroht. Viele alte und historisch bedeutsame Bäume sind in den letzten Jahren gestorben.

Flatter-Ulme
Ulmus laevis Pallas   B S. 146   F S. 156   R S. 183

Ulmengewächse, Ulmaceae. **Merkmale:** Sommergrüner, 10–35 m hoher Baum mit weit in die Krone reichendem Stamm. Junge Zweige grau- bis rotbraun, anfangs weich behaart. Borke längsrissig gerippt, graubraun. Stämme oft dicht von Stammausschlägen besetzt, die am Ende einer Vegetationsperiode absterben. Winterknospen länglich-eiförmig, 5–10 mm lang, rotbraun; Endknospe fehlend. Blätter 2-zeilig angeordnet, 2–10 mm lang gestielt; Spreite eiförmig, elliptisch oder rundlich, 8–12 cm lang, 4–7 cm breit; Spreitengrund stark asymmetrisch; oberseits dunkelgrün; unterseits graugrün, fein und dicht behaart; Blattrand doppelt gesägt. Herbstfärbung gelb. Blüten unscheinbar, zwittrig, lange vor dem Laubaustrieb erscheinend, 8–15 mm lang gestielt; Staubblätter 5–8; Fruchtknoten oberständig, mit filziger Narbe. Früchte 10–35 mm lang fädig gestielt, elliptisch, silbrig bewimpert, sonst kahl; ringsum dünn geflügelt, 10 mm lang; Samenkörper im Fruchtzentrum; Früchte erst nach dem Laubaustrieb reifend. Blütezeit: März bis April; Fruchtreife: Mai bis Juni. **Standort:** Auf nährstoff- und basenreichen, sickerfeuchten, humosen oder sandigen Lehm- und Tonböden. Gewässerbegleitend, in Auen- und feuchten Mischwäldern. **Verbreitung:** Mittel-, Südost- und Osteuropa. In Mitteleuropa vor allem in den östlichen und nordöstlichen Teilen. Vom Tiefland bis in die Hügellandstufe von ca. 500 m; in Gebirgslagen und in den Alpen fehlend.

Die Gattung *Ulmus* ist mit 45 Arten vorwiegend in den gemäßigten Breiten der Nordhalbkugel verbreitet. In der heimischen Flora kommen 3 Arten vor. Die Flatter-Ulme ist leicht an den lang gestielten Früchten und charakteristischen Stammausschlägen zu erkennen. Als eines der wenigen heimischen Gehölze zeigt sie Anklänge einer Brettwurzelbildung. Flatter-Ulmen können 250 Jahre alt werden. Mit 50–75 Jahren haben sie ihre endgültige Höhe erreicht.

Ulmen, vor allem die Feld-Ulme, sind bei uns vom Ulmensterben bedroht. Die Ulmenkrankheit tauchte erstmals 1919 in Holland auf. Sie griff sehr schnell um sich. 1923 wurde sie in England, 1930 auch in Nordamerika beobachtet. Krankheitsverursacher ist ein Pilz, *Ceratocystis ulmi*, der in den Gefäßen des Holzes lebt und sich durch kleine Öffnungen in den Gefäßwänden im ganzen Baum ausbreiten kann. Es kommt zu Verstopfungen der Gefäße und damit zu einer Unterbrechung des Wassertransportes. Symptome sind welkende Zweige und Äste im Kronenbereich. Dieser Pilz kam in Europa schon immer vor, verursachte aber bislang bei Ulmen keine Schädigungen. Übertragen wird der Pilz durch 2 Käfer, den Kleinen Ulmensplintkäfer *(Scolytus scolytus)* und den Großen Ulmensplintkäfer *(Scolytus multistriatus)*. Diese Käfer infizieren sich mit Pilzsporen auf befallenen Bäumen und übertragen den Pilz auf gesunde Bäume. Nicht alle Ulmen-Arten werden gleichermaßen befallen. So ist die Feld-Ulme auch in ihr optimal zusagenden Biotopen stark bedroht, die Berg-Ulme hingegen wird weniger stark befallen. Bisher hat man noch kein anwendbares Mittel gegen die Ulmensplintkäfer gefunden und auch noch keine resistenten Ulmenrassen auslesen können. Zeigen befallene Bäume die ersten Krankheitssymptome, so ist keine Rettung mehr möglich.

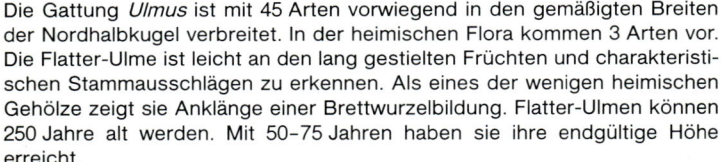

Speierling
Sorbus domestica L.　　　　　F S. 162　　R S. 184

Rosengewächse, Rosaceae. **Merkmale:** Sommergrüner, 10–20 m hoher Baum mit kurzem Stamm und kräftigen Ästen. Krone anfangs pyramidal, später breit gerundet und locker. Junge Zweige weiß behaart, später verkahlend, olivgrün bis rotbraun. Borke graubraun, kleingefeldert. Winterknospen länglich-eiförmig, 12–15 mm lang, grünlich, kahl. Blätter wechselständig, unpaarig gefiedert, bis 20 cm lang, mit 13–19 Fiedern; diese 3,5–6 cm lang und bis 2 cm breit, einfach gesägt; oberseits dunkelgrün, unterseits heller, auf den Adern behaart. Herbstfärbung gelb bis lachsrot. Blüten zwittrig, kurz gestielt, in 6–10 cm breiten Rispen; Blütenhülle doppelt; Blütenbecher weißfilzig; Kelch unscheinbar, bis zur Fruchtreife bleibend; Kronblätter weiß, 5–7 mm lang; Staubblätter 20. Frucht birnen- oder apfelförmig, 2–3,5 cm groß, grünlichgelb, rotbackig; Fruchtfleisch mit vielen Steinzellen; Samen braun, 8 mm lang. Blütezeit: Mai; Fruchtreife: September bis Oktober. **Standort:** Auf nährstoff- und basenreichen, oft kalkhaltigen Lehm- und Tonböden. **Verbreitung:** Von Ostspanien über Frankreich, Italien, Südosteuropa und die Krim bis nach Nordanatolien; Nordwestafrika.

Der Speierling ist in Deutschland vor allem im Mittelrheingebiet, im Nahe-, Mosel- und Maintal anzutreffen. Er ist bei uns wohl nur angepflanzt bzw. verwildert. Die Bäume werden etwa 150 Jahre alt und ihre Stämme 50–60 cm dick. Sowohl in der Kronenform als auch in der Borke erinnern sie an Birnbäume. Die gerbstoffreichen Früchte des Speierlings werden zur Apfelwein- und Apfelsaftbereitung verwendet. Sie dienen der Geschmacksverbesserung und Haltbarmachung.

Eberesche, Vogelbeeerbaum
Sorbus aucuparia L.　　　F S. 166　　K S. 175　　R S. 184

Rosengewächse, Rosaceae. **Merkmale:** Sommergrüner, aufrechter, zuweilen mehrstämmiger Großstrauch oder 5–15 m hoher Baum mit lockerer Krone. Junge Zweige anfangs filzig behaart, mit olivgrüner bis grauer oder rötlichbrauner Rinde. Rinde lange glatt bleibend, zuletzt längsrissig, schwarzgrau; mit nur schwacher Borkenbildung. Winterknospen eiförmig, 10–13 mm lang, rotbraun, behaart. Blätter wechselständig, unpaarig gefiedert, 12–15 cm lang, mit 11–15 Fiedern; diese linealisch, 2,5–4,5 cm lang, 10–18 mm breit, einfach gesägt; oberseits dunkelgrün, anliegend behaart; unterseits graugrün, filzig behaart. Herbstfärbung leuchtend gelb bis scharlachrot. Blüten in filzig behaarten Schirmrispen, zwittrig, mit doppelter Blütenhülle; Blütenbecher filzig behaart; Kelch unscheinbar, bis zur Fruchtreife bleibend; Kronblätter weiß, 4–5 mm lang; Staubblätter 20. Apfelfrucht kugelig, korallenrot, 8–10 mm groß, meist mit 3 Samen. Blütezeit: Mai bis Juni; Fruchtreife: August bis Oktober. **Standort:** Auf humosen, mäßig nährstoffreichen, feuchten oder wechselfeuchten Steinböden. In lichten Laub- und Nadelmischwäldern, auf Lichtungen und Kahlschlägen sowie an Waldrändern. **Verbreitung:** Europa, Kaukasus. Vom Flachland bis zu 2000 m Höhe in den Alpen. In den Gebirgen häufig im Bereich der Baumgrenze.

Die Blüten der Eberesche duften unangenehm nach Trimethylamin. Bestäuber sind Bienen und Fliegen. Die reifen Früchte werden von Vögeln verbreitet. Ebereschen sind raschwüchsige und lichtbedürftige Pioniergehölze. Sie wachsen vergesellschaftet mit Trauben-Holunder, Sal-Weide, Zitter-Pappel und Hänge-Birke. Sie können 80–100 Jahre alt werden.

Bibernell-Rose
Rosa pimpinellifolia L.

Rosengewächse, Rosaceae. **Merkmale:** Sommergrüner, 25–75 cm, in Kultur auch bis 2,5 m hoher, bewehrter Strauch. Triebe dünn, rotbraun, mit dünnen, geraden, 5–7 mm langen Stacheln und kleinen, teilweise drüsigen Stachelborsten bekleidet. Winterknospen eiförmig, 2–3 mm lang. Blätter unpaarig gefiedert, 4–7 cm lang, mit 7–11 Fiedern; diese eiförmig bis elliptisch, 10–20 mm lang, 7–12 mm breit, beidseitig kahl. Blattstiel und Spindel drüsig bestachelt. Nebenblätter mit dem Blattstiel verwachsen, bleibend. Blüten zwittrig, einzeln an Kurztrieben; Blütenhülle doppelt, 5-zählig; Kelchblätter ungeteilt, 10 mm lang, bis zur Fruchtreife bleibend; Kronblätter weiß, 15–20 mm lang, oben ausgerandet. Hagebutte 12–16 mm lang, abgeflacht-urnenförmig, anfangs rot, reif fast schwarz. Blütezeit: Mai bis Juni; Fruchtreife: September bis Oktober. **Standort:** Auf sommerwarmen, flachgründigen, steinigen Lehm- und Sandböden. An der Küste in Dünensanden, im Binnenland an Waldrändern, auf Trockenhängen, in Kalkmagerrasen. **Verbreitung:** West-, Mittel- und Südeuropa; nach Osten bis zum Altai-Gebirge. In Mitteleuropa von der Küste bis nach Süddeutschland; in den Mittelgebirgen bis in die montane Stufe, im Jura bis 900 m hoch ansteigend.
Die Bibernell-Rose ist an der Bestachelung und den weißen Blüten in Verbindung mit den schwarzen Hagebutten leicht zu erkennen. Sie bildet Ausläufer und damit flächige Bestände. Bei zu starker Beschattung vermehrt sie sich vegetativ, bildet aber keine Blüten aus. Die Blüten bieten reichlich Pollen. Sie werden von Bienen und anderen Hautflüglern bestäubt.

Hunds-Rose
Rosa canina L. $\boxed{F}$ S. 167

Rosengewächse, Rosaceae. **Merkmale:** Sommergrüner, bewehrter, im Freistand 1–3 m hoher, rundlicher Busch mit überhängenden Zweigen oder im Gebüsch wachsender Spreizklimmer mit einzelnen, hoch ins Astwerk von Büschen und Bäumen ragenden Zweigen. Junge Triebe kahl, grün; Stacheln hakig gebogen, 7–10 mm lang. Blätter wechselständig, 6–10 cm lang, unpaarig gefiedert, mit 5–7 Fiedern; diese 3–4 cm lang, 12–15 mm breit, lanzettlich, gesägt, beiderseits kahl; oberseits dunkel graugrün, unterseits heller; Blattstiel und Spindel bewehrt. Nebenblätter mit dem Blattstiel verwachsen, bleibend. Blüten zwittrig, einzeln oder doldenrispig, mit 5-zähliger Blütenhülle, 10–20 mm lang gestielt; äußere Kelchblätter gefiedert, innere ganzrandig, vor der Fruchtreife abfallend; Kronblätter 2–2,5 cm lang, blaßrosa. Hagebutten eiförmig, 2–2,5 cm lang, korallenrot, kahl. Blütezeit: Juni; Fruchtreife: September bis Oktober. **Standort:** Auf sommerwarmen, basenreichen bis schwach sauren, tiefgründigen Lehmböden. An Wald- und Wegrändern, Böschungen, im Saum von Gebüschen und als Pioniergehölz auf Brachen und aufgelassenen Weinbergen. **Verbreitung:** Europa, Westasien, Nordafrika. In Mitteleuropa weit verbreitet; vom Tiefland bis zu 1500 m Höhe in den Alpen.
Die Hunds-Rose ist eine der häufigsten heimischen Rosen-Arten. Die Blüten, die nur Pollen aber keinen Nektar produzieren, werden von verschiedenen Insekten bestäubt. Für die Samenverbreitung sorgen Vögel und kleine Säugetiere. Die Hagebutten sind reich an Vitamin C. 100 g Fruchtfleisch enthalten 250–2900 mg Ascorbinsäure. Aus den Nüßchen bereitet man einen Tee.

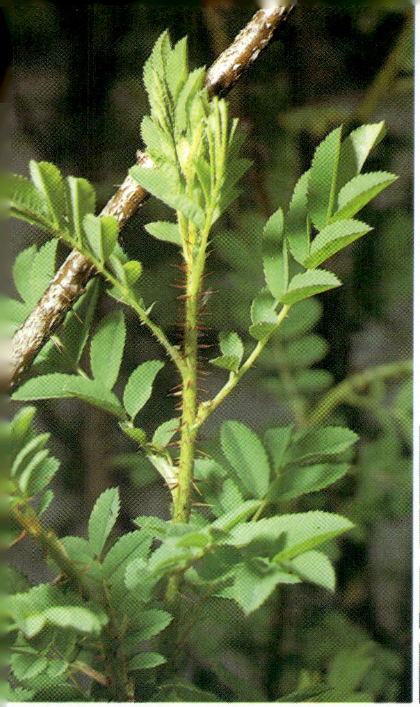

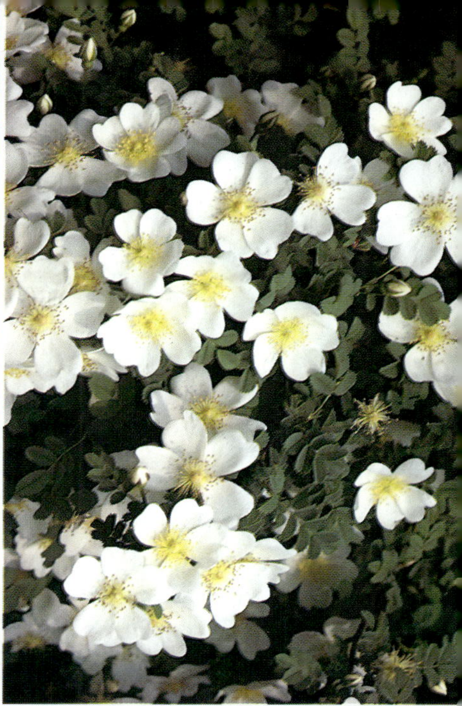

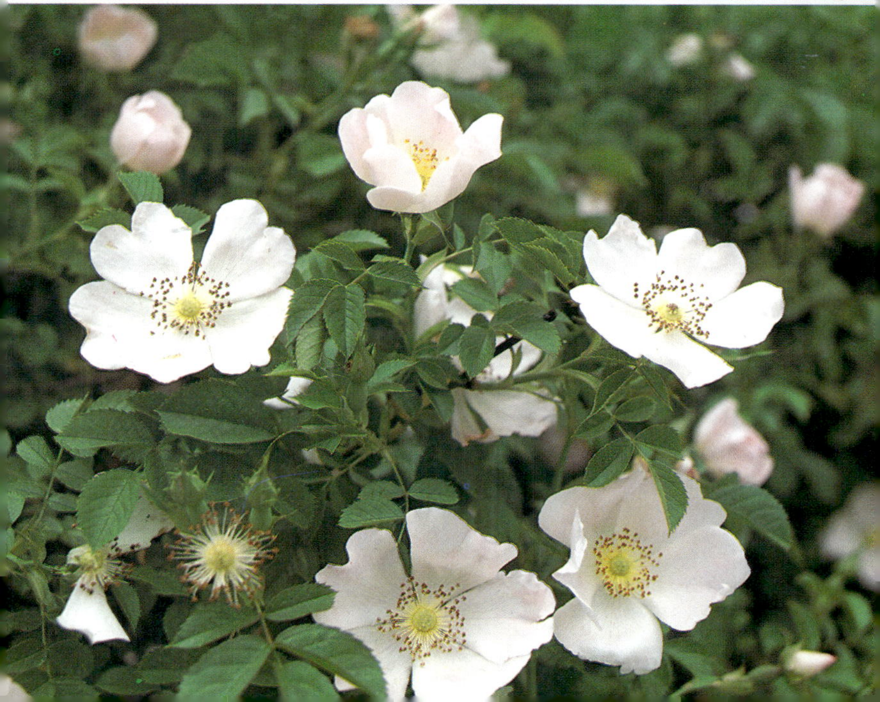

Feld-Rose

Rosa arvensis Hudson ⬚ F ⬚ S. 167

Rosengewächse, Rosaceae. **Merkmale:** Sommergrüner, bewehrter, Ausläufer bildender, meterhoher Strauch mit bogig überhängenden, oft mehrere Meter langen Zweigen. Triebe kahl, mit 4–8 mm langen, geraden oder schwach gekrümmten Stacheln; Zweige über Jahre hinweg grün bleibend. Winterknospen eiförmig, 1–2 mm groß. Blätter wechselständig, unpaarig, gefiedert, 4–6 cm lang, aus 5–7 Fiedern zusammengesetzt; diese elliptisch, 1,5–4 cm lang, 7–20 mm breit, kahl; Blattrand einfach oder doppelt gesägt. Blüten einzeln oder zu wenigen beisammen, 2–4 cm lang gestielt, 3–5 cm groß, weiß; Kelchblätter ungleich, die äußeren gefiedert, die inneren ganzrandig, vor der Fruchtreife abfallend; Griffel zu einer 2–5 mm langen, bis zur Fruchtreife bleibenden Säule verwachsen. Hagebutte eiförmig, 12–20 mm lang, kahl, hellrot. Blütezeit: Juni bis Juli; Fruchtreife: September bis Oktober. **Standort:** Auf nährstoffreichen, flach- bis mittelgründigen, oft steinigen Lehm- und Tonböden. In lichten, sommerwarmen Eichen-Hainbuchenwäldern sowie an Wald- und Wegsäumen. **Verbreitung:** West-, Mittel-, Süd- und Südosteuropa. In Mitteleuropa nur westlich der Elbe; vor allem im Rhein-, Main- und Donaugebiet; von der Hügellandstufe bis zu 1300 m Höhe in den Alpen.

Die Gattung *Rosa* umfaßt 250 Arten, die in den gemäßigten Breiten der Nordhemisphäre verbreitet sind. In Mitteleuropa sind 25 Arten vertreten. Die Feld-Rose zählt zu den eher unauffälligen heimischen Rosen-Arten. Sie ist leicht an den Früchten mit der bleibenden Griffelsäule und den grünen Zweigen zu erkennen. Sie verträgt mehr Beschattung als die anderen heimischen Arten.

Himbeere

Rubus idaeus L. ⬚ F ⬚ S. 166

Rosengewächse, Rosaceae. **Merkmale:** Sommergrünes, 1–2 m hohes Holzgewächs. Junge Triebe oft aus Wurzelsprossen hervorgehend; im 1. Jahr unverzweigt, dicht mit kleinen Stacheln bekleidet und spärlich oder dicht drüsig-filzig behaart; im 2. Jahr verzweigt, blühend, fruchtend und im Herbst absterbend. Blätter wechselständig, unpaarig gefiedert; Fiedern 3–5, eiförmig bis lanzettlich, bis 10 cm lang und 7 cm breit; oberseits dunkelgrün, kahl; unterseits weißfilzig; Blattrand meist doppelt gesägt. Blüten zwittrig, nickend; Blütenhülle 5-zählig; Kelchblätter länglich-eiförmig, die Krone überragend und bis zur Fruchtreife bleibend; Krone weiß; Staubblätter zahlreich; Fruchtblätter frei, einer kegelförmigen Blütenachse ansitzend, sich zu roten, saftigen, durch Härchen miteinander verbundenen Steinfrüchtchen entwickelnd, die sich als Sammelfrucht von der Fruchtachse ablösen lassen. Blütezeit: Mai bis Juni; Fruchtreife: Juli bis August. **Standort:** Auf nährstoffreichen, lockeren, Mull- und Lehmböden. **Verbreitung:** Eurasien, Nordamerika. In Mitteleuropa vom Tiefland bis zu Höhen von 1850 m in den Alpen. Bevorzugt in der montanen Stufe.

Himbeerblüten unterscheiden sich von Brombeerblüten durch die relativ unscheinbaren, nach unten weisenden Kronblätter. Blütenbesucher sind vor allem Bienen. Die Früchte werden von Vögeln und Säugetieren verzehrt. Sie enthalten neben Zucker, Zitronen- und Apfelsäure viel Kalium und Vitamin C. Man kann sie roh essen oder zu Marmelade und Sirup verarbeiten. Himbeeren sind seit langem in Kultur. Es gibt zahlreiche Sorten.

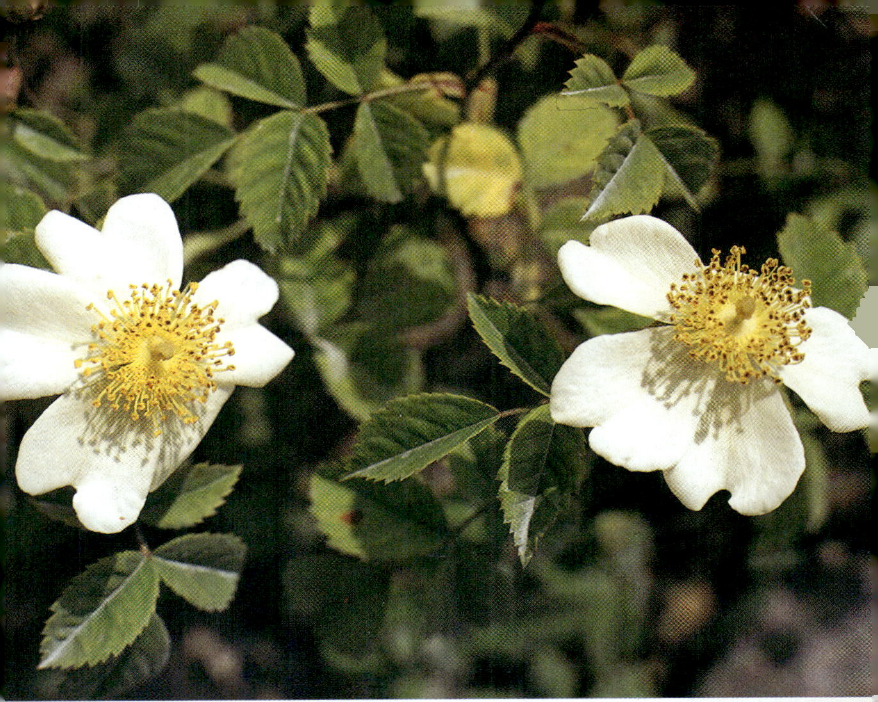
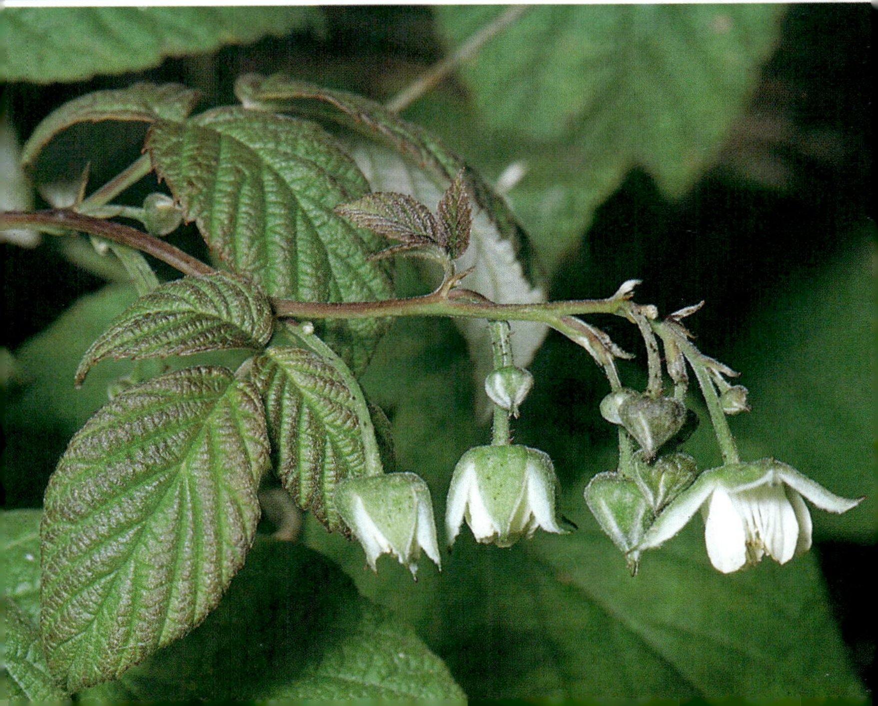

Kratzbeere
Rubus caesius L. □F S. 161

Rosengewächse, Rosaceae. **Merkmale:** Sommergrünes, 30–80 cm hohes Holzgewächs mit bogig überhängenden, dünnen Sprossen. Junge Triebe bläulich bereift, dicht mit 2–5 mm langen Stacheln besetzt, kahl oder locker behaart, blaßgrün, sonnenseits rötlich überlaufen. Blätter wechselständig; Spreite 3-zählig gefiedert; Fiedern eiförmig, bis 7 cm lang und 4,5 cm breit; oberseits grün, verkahlend; unterseits flaumig behaart; Blattrand einfach oder doppelt gesägt. Nebenblätter 12–15 mm lang, pfriemlich. Blüten weiß, 3 cm groß, zwittrig, in rispigen Ständen; Blütenhülle 5-zählig; Kelch kürzer als die Krone, bis zur Fruchtreife bleibend; Staubblätter zahlreich; Fruchtblätter frei, kahl. Steinfrüchtchen meist nur wenige, saftreich, bläulich bereift, sich einzeln ablösen lassend. Blütezeit: Mai bis August; Fruchtreife: August bis Oktober. **Standort:** Auf nährstoff- und basenreichen, oft kalkhaltigen, feuchten oder wechselfeuchten Lehm- und Tonböden. In lichten Auenwäldern, an Gewässerrändern, auf nassen Äckern und Weinbergen sowie in Lesesteinhaufen. **Verbreitung:** Europa bis Westasien, Kleinasien, Persien, Altai-Gebirge. In Mitteleuropa vorwiegend im Flachland; von der Küste bis zu 1000 m Höhe in den Alpen.

Die Kratzbeere kann sich vegetativ durch Wurzelsprosse sehr schnell ausbreiten und ausgedehnte Bestände bilden. Der Erde aufliegende Sproßspitzen bewurzeln sich und können sich nach Trennung von der Mutterpflanze zu selbständigen Individuen entwickeln. Die Früchte sind eßbar, aber roh nicht besonders wohlschmeckend. Verbreitet werden sie durch Vögel und kleine Säugetiere.

Brombeere
Rubus fruticosus L. □F S. 160 □K S. 171

Rosengewächse, Rosaceae. **Merkmale:** Sommergrünes oder halbimmergrünes, stark bewehrtes Rankengehölz mit langen, bogig überhängenden Sprossen. Triebe kahl oder filzig behaart, unterschiedlich dicht mit Stacheln besetzt; im 1. Jahr unverzweigt; im 2. Jahr, nach der Fruchtreife absterbend. Blätter der Haupttriebe 5–12 cm lang gestielt, fingerförmig gefiedert; Fiedern 3–7, meist 5; an den Blütenständen oft auch einfach; Fiedern 5–10 cm lang, 3–7 cm breit, eiförmig oder breit elliptisch. Blüten in Rispen, zwittrig; Blütenhülle 5-zählig; Kelchblätter 8–12 mm lang; Kronblätter weiß oder hellrosa, spreizend, den Kelch meist überragend; Staubblätter zahlreich; Fruchtblätter nicht miteinander verwachsen, zu vielen; sich zu saftigen, schwarzen Steinfrüchtchen entwickelnd, eine sich als ganzes mit der Achse ablösende Sammelfrucht bildend. Blütezeit: Mai bis August; Fruchtreife: August bis Oktober. **Standort:** Auf nährstoffreichen, steinigen Lehmböden. In lichten Wäldern, an Wald-, Weg- und Gebüschsäumen. Pioniergehölz auf Kahlschlägen, aufgelassenen Weinbergen und Brachäckern, Hängen und Böschungen. **Verbreitung:** Europa. In Mitteleuropa vom Tiefland bis zu 1700 m Höhe in den Alpen. Bevorzugt in wintermilder Klimalage.

Unter der Bezeichnung »Brombeere« werden allein in Deutschland weit über 50 Arten gezählt, die einander oft sehr ähnlich sind und zu deren exakter Bestimmung man sowohl Zweige, Blätter und Blüten als auch Früchte benötigt. Brombeerblüten werden durch Bienen und Hummeln bestäubt. Vögel und Säugetiere verbreiten die Samen. Die Früchte sind wohlschmeckend und vielseitig verwertbar.

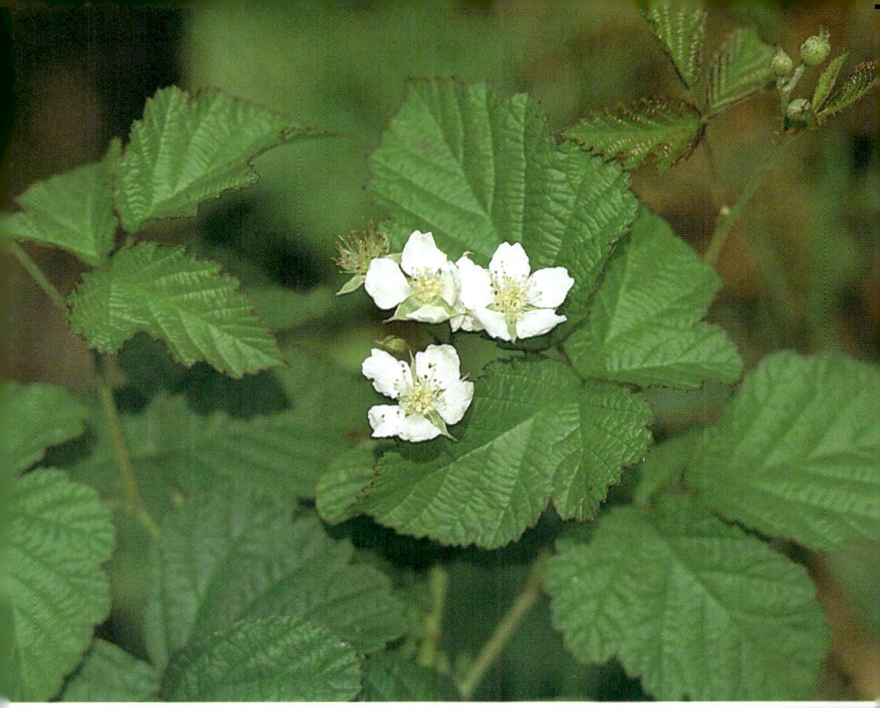
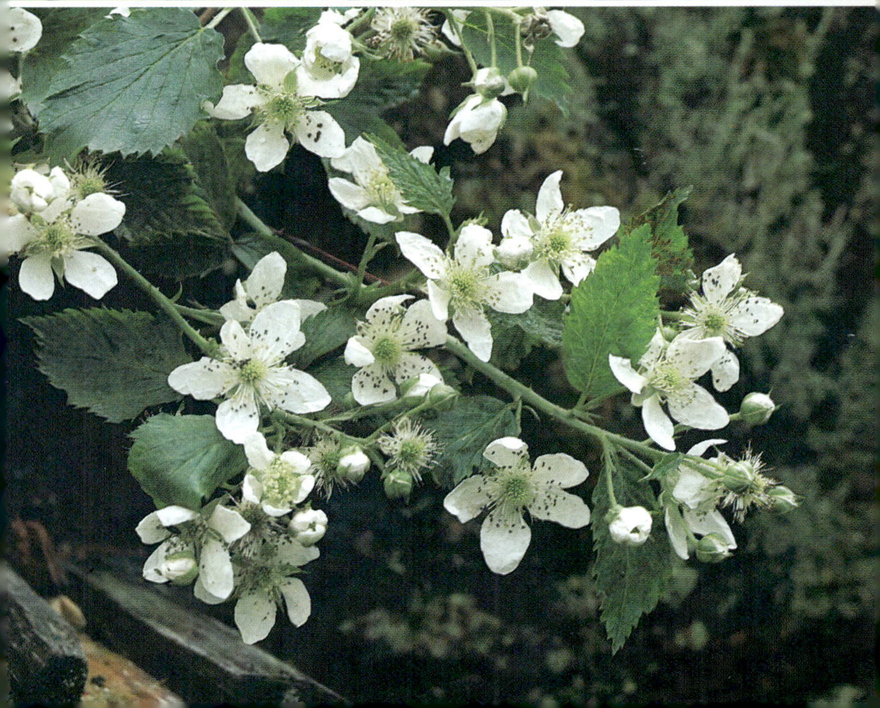

Robinie

Robinia pseudacacia L.   F S. 152   K S. 171   R S. 185

Schmetterlingsblütler, Fabaceae. **Merkmale:** Sommergrüner, 20–25 m hoher Baum. Krone locker, rundlich oder schirmförmig, oft mit abgestorbenen Ästen und Zweigen. Borke dick, längsrissig, tief gefurcht, grau- bis dunkelbraun. Zweige junger Bäume und Schößlinge dornig bewehrt durch Nebenblattdornen, diese bis zu 3 cm lang. Winterknospen in den Blattnarben verborgen. Blätter wechselständig, unpaarig gefiedert, 20–30 cm lang, mit 4–11 Paaren länglich-elliptischer, 3–6 cm langer Fiedern. Blüten in 10–25 cm langen, hängenden, vielblütigen Trauben, weiß, 1–2,5 cm lang; Fruchtknoten oberständig, zu einer 5–10 cm langen und 10–15 mm hohen, stark abgeflachten Hülse auswachsend. Frucht pergamentartig-lederig, braun, mit 4–10 Samen, diese 6–7 mm groß. Blütezeit: Mai bis Juni; Fruchtreife: September. **Standort:** Lichtbedürftiges, ansonsten anspruchsloses Gehölz auf nährstoffarmen bis mäßig nährstoffreichen, meist tiefgründigen, sandigen oder sandig-lehmigen Böden, aber auch auf Schotter; Sommerwärme liebend. **Verbreitung:** Ursprünglich nur im östlichen und mittleren Nordamerika von Pennsylvania bis Georgia, westlich bis Indiana und Oklahoma. Seit langem auch in den westlichen Teilen Nordamerikas eingebürgert; seit dem 17. Jahrhundert auch in Europa; darüber hinaus in West- und Ostasien sowie Nordafrika weit verbreitet.

Die Robinie wurde von Jean Robin 1601 aus Virginia nach Paris gebracht. Sie hat sich sehr schnell über weite Teile Europas verbreitet. Die Blüten, in großer Fülle ausgebildet, werden von Insekten bestäubt. Die Robinie ist eine wichtige Bienentrachtpflanze. Der reichlich produzierte Nektar enthält 34–59% Zucker. Die Früchte bleiben noch lange nach ihrer Reife am Baum hängen, meist bis in das Frühjahr hinein, mitunter auch noch länger. Obwohl sie schon im Winter geöffnet sind, fallen die Samen nicht aus. Die beiden flügelartigen Fruchthälften werden durch den Wind verbreitet. Die Robinie kann sich aber auch mittels Wurzelsprossen vermehren.

Die Robinie ist ein Pioniergehölz und besiedelt sehr schnell vegetationsfreie Räume wie Böschungen, Straßenränder und Brachen, aber auch lichte Mischwälder. Die Samen keimen auch in den Spalten des Straßenpflasters oder im Schotter der Bahngeleise. Durch ihr Massenaufkommen und die Fähigkeit, mittels Knöllchenbakterien Luftstickstoff zu binden und damit den Boden mit Stickstoff anzureichern, kann es zu einer Veränderung der natürlichen Vegetation kommen, da sich bald stickstoffliebende Arten (z. B. Schöllkraut und Schwarzer Holunder) ansiedeln.

Die Robinie ist ein schwach giftiges Gehölz. Die Samen, vor allem aber die Rinde enthalten ein Toxalbumin, das Robin, welches zu Störungen im Glykogenhaushalt von Leber- und Muskelzellen führen kann. Das Kauen von Samen und der Rinde kann bei Kindern u. a. Leibschmerzen, Erbrechen, Schwindel und Temperaturanstieg zur Folge haben. Vergiftungen kommen jedoch nur selten vor.

Robinien können 100–200 Jahre alt werden, ihre Stämme bis zu 1 m dick. Das helle Holz ist sehr fest und beim Trocknen kaum schwindend. Es findet Verwendung als Gruben- und Schwellenholz und wird wegen seiner Elastizität auch für Leitersprossen, Ruderstangen und Turngeräte verwendet.

Von der Robinie sind zahlreiche Gartenformen in Kultur. Die Form 'Unifoliola', bei der die Endfieder vergrößert ist, oder Kugelrobinien begegnen uns häufig als Straßenbäume.

Besenginster

Sarothamnus scoparius (L.) Wimmer $\boxed{F}$ S. 152

Schmetterlingsblütler, Fabaceae. **Merkmale:** Sommergrüner, aufrechter oder bogig aufsteigender, reich verzweigter, 1–3 m hoher Rutenstrauch. Junge Triebe 5-kantig oder schwach geflügelt, dunkelgrün, fein behaart, lange grün bleibend, an den Stämmen schwarzbraun. Winterknospen sehr klein, von den erhaltenbleibenden Blattbasen geborgen. Blätter an den Langtrieben wechselständig, an den gestauchten Kurztrieben rosettig angeordnet. Langtriebsblätter mit lanzettlicher, 6–7 mm langer, ungeteilter, kurz behaarter Spreite. Blätter am Grunde von Langtrieben und Kurztriebsblätter kleeblattähnlich 3-teilig; Blättchen 5–20 mm lang, beidseitig behaart. Blüten zu 1–2 an den Kurztrieben, 10 mm lang gestielt, 5-zählig, mit doppelter Blütenhülle, monosymmetrisch; Kelch verwachsenblättrig, 5 mm lang; grün; Krone leuchtend gelb, bis 2,5 cm lang; Staubblätter 10; Fruchtknoten oberständig, weißzottig behaart. Hülse schwarz, 3,5–5 cm lang, 7–9 mm hoch, seitlich stark abgeflacht, an den Kanten bewimpert; Samen zahlreich, 4 mm groß. Blütezeit: Mai bis Juni; Fruchtreife: August bis September. **Standort:** Auf mäßig nährstoffreichen, meist sauren, flach- bis tiefgründigen Lehm-, Sand- und Steinböden. An Böschungen, Waldsäumen, Wegrändern, in lichten Eichen-, Buchen- und Birkenwäldern, auf Waldlichtungen, Weiden und Kahlschlägen. **Verbreitung:** West- und Mitteleuropa, östlich bis zum westlichen Rußland. In Mitteleuropa weit verbreitet, vorwiegend in den atlantisch beeinflußten Teilen; vom Tiefland bis in Gebirgslagen von 1100 m Höhe.

Der Besenginster ist der einzige mitteleuropäische Vertreter der Gattung *Sarothamnus,* die mit 10 Arten in Südwesteuropa und Nordwestafrika beheimatet ist.

Die ansehnlichen Blüten des Besenginsters sind geruchlos und bilden nur Pollen, aber keinen Nektar. Blütenbesucher sind Hummeln und größere Bienen. Kleinere Insekten, auch die Honigbiene, vermögen den für eine Bestäubung notwendigen Explosionsmechanismus nicht auszulösen, bei dem der Pollen ausgeschleudert und das Insekt eingepudert wird. Bewerkstelligt wird dieser Mechanismus durch einen komplizierten Hebelmechanismus der Kronblätter. Jede Blüte kann nur ein einziges Mal bestäubt werden bzw. Pollen abgeben.

Auch die reifen Hülsen öffnen sich explosionsartig. Beim Austrocknen der Hülsenwand entstehen Gewebespannungen, die sich im plötzlichen Öffnen und Einrollen der beiden Fruchthälften entladen. Dabei werden die Samen ausgeschleudert. Die Samen besitzen ein kleines Anhängsel, einen Ölkörper (Elaiosom), der Ameisen anlockt und diese verleitet, die Samen zu verschleppen.

Besenginster gedeiht auch auf stickstoffarmen Böden. Eine Symbiose mit luftstickstoffbindenden Bakterien (Knöllchenbakterien) vermag der Pflanze den fehlenden Nährstoff zuzuführen. In strengen, schneearmen Wintern friert der Besenginster mitunter bis zum Erdboden zurück, die abgestorbenen Zweige färben sich schwarz. Dank eines großen Regenerationsvermögens erfolgt von der Basis her ein Neuaustrieb, so daß Frostschäden oft bereits nach 1–2 Jahren kaum noch zu erkennen sind.

In allen Pflanzenteilen enthält der Besenginster Spartein und Alkaloide. Da die Pflanze nicht zum Verzehr verleitet, treten Vergiftungen kaum auf.

Echter Walnußbaum   Foto: oben rechts ♀ Blüten, unten ♂ Kätzchen
Juglans regia L.   [F] S. 154   [K] S. 173   [R] S. 182

Walnußbaumgewächse, Juglandaceae. **Merkmale:** Sommergrüner, mäßig verzweigter, 10–25 m hoher Baum mit breiter Krone, meist nur kurzem Stamm und kräftigen Ästen. Zweige mit gekammertem Mark, anfangs behaart, olivgrün und glänzend; Blattnarben sehr groß. Borke längsrissig, graubraun bis dunkelgrau. Winterknospen kugelig oder eiförmig, 4–6 mm groß. Blätter wechselständig, unpaarig gefiedert, 15–40 cm lang; Fiedern 5–9, eiförmig bis länglich-elliptisch, 5–15 cm lang, nur die Endfieder gestielt; oberseits dunkelgrün, glänzend; unterseits heller, mit kleinen, braunen Achselbärten. Zerriebene Blätter aromatisch duftend. Blüten unscheinbar, mit den Blättern erscheinend, eingeschlechtig, in getrennten Ständen; Pflanze einhäusig. Männliche Kätzchen im Vorjahr angelegt, als 5–6 mm lange Knospen überwinternd, erblüht bis 15 cm lang, schlaff hängend, gelbgrün; weibliche Blüten zu 1–3 (–5), am Ende beblätterter Jungtriebe; Blütenhülle mit dem Fruchtknoten verwachsen. Steinfrucht oval bis rundlich, 3–5 cm lang, mit grüner, sich bei der Reife ablösender äußerer Fruchtwand; Steinkern runzelig, mit ringsum verlaufender, erhabener Naht, hellbraun. Blütezeit: April bis Mai; Fruchtreife: September bis Oktober. **Standort:** Auf tiefgründigen, feuchten, nährstoffreichen, kalkreichen bis mäßig sauren Lehm- und Auenböden. **Verbreitung:** Balkan-Halbinsel bis Südwestasien und Persien.

Die 21 Arten zählende Gattung *Juglans* hat ihre Hauptverbreitung in der gemäßigten Zone der Nordhalbkugel. In Mitteleuropa ist der Walnußbaum wohl nicht ursprünglich heimisch, sondern, ebenso wie in weiten Teilen Süd- und Westeuropas, durch die Römer angesiedelt worden. Freilich gibt es in Auenwäldern Süddeutschlands Walnußbäume mit kleinen und dünnschaligen Früchten, die von manchen Botanikern als durchaus bodenständig betrachtet werden. Diese Ansicht wird durch die Tatsache unterstützt, daß sich der Walnußbaum in den milden Gebieten Mitteleuropas selbst verjüngt. Die Bäume gedeihen in weiten Teilen Mitteleuropas gut, nur sind sie empfindlich gegen Spätfröste. In frostgefährdeten Lagen kommt es daher in manchen Jahren nicht zu einer Fruchtbildung.

Die Blüten werden durch den Wind bestäubt. Häher und Krähen, Eichhörnchen, Siebenschläfer und Mäuse verbreiten die Früchte. Zumal Eichhörnchen kann man gelegentlich beobachten, wie sie Walnüsse im Erdreich verscharren. Da einige dieser Depots nicht geleert werden, kommt es zu einer für die Bäume ausreichenden Verbreitung.

Die Samen enthalten bis zu 60% fettes Öl. Der Walnußbaum ist daher schon seit Jahrhunderten ein wichtiges Kulturgehölz. Die Hauptanbaugebiete liegen in Nordamerika, in China, der Türkei, Italien und in der Sowjetunion.

Walnußbäume sind raschwüchsige Gehölze und werden schon nach 10–15 Jahren blühfähig. Das Durchschnittsalter liegt bei 125–150 Jahren. An günstigen Standorten können Walnußbäume 600 Jahre alt werden. Sie erreichen Stammdicken bis zu 2 m. Nußbaumholz zählt zu den Edelhölzern. Es hat einen schmalen, hellen Splint und einen braunen bis schwarzbraunen, dunkelgemaserten Kern. Es ist ein begehrtes Furnierholz.

Blüten vor dem Laub- austrieb

Sal-Weide, ♀, S. 120

Sal-Weide, ♂, S. 120

Ohr-Weide, ♂, S. 120

Korb-Weide, ♂, S. 76

Silber-Pappel, ♀, S. 122   **Schwarz-Pappel,** ♂, S. 124

Zitter-Pappel, ♂, S. 122   **Gew. Hasel,** ♀ (oben) und ♂, S. 116

Berg-Ulme, S. 126

Feld-Ulme, S. 126

Blüten
vor dem
Laub-
austrieb

Flatter-Ulme, S. 128

Gewöhnliche Esche, S. 70

Schwarz-Erle, ♂, S. 116   **Grau-Erle,** ♂, S. 114

Blüten
vor dem
Laub-
austrieb

Gagelstrauch, ♂, S. 118   **Gagelstrauch,** ♀, S. 118

Kornelkirsche, S. 50

Spitz-Ahorn, S. 62

Blüten
vor dem
Laub-
austrieb

Sanddorn, oben ♂, unten ♀, S. 76

Gewöhnlicher Seidelbast, S. 74

Schlehe, S. 96

Steinweichsel, S. 92

Blüten
vor dem
Laub-
austrieb

Vogel-Kirsche, S. 94

Sauer-Kirsche, S. 94

Früchte

Weiß-Tanne, S. 30

Gewöhnliche Fichte, S. 34

Europäische Lärche, S. 32

Douglasie, S. 34

Wald-Kiefer, S. 36

Früchte

Schwarz-Kiefer, S. 38

Arve, S. 40

Berg-Kiefer, S. 40

Weymouths-Kiefer, S. 38

Früchte

Sal-Weide, S. 120

Silber-Weide, S. 118

Schwarz-Pappel, S. 124

Zitter-Pappel, S. 122

Robinie, S. 138

Besenginster, S. 140

Eßkastanie, S. 104

Gewöhnliche Roßkastanie, S. 68

Früchte

Gewöhnliche Buche, S. 108

Ahornblättrige Platane, S. 102

Stiel-Eiche, S. 106

Trauben-Eiche, S. 106

Gewöhnliche Hasel, S. 116

Echter Walnußbaum, S. 142

Früchte

Berg-Ahorn, S. 60   **Burgen-Ahorn,** S. 60

Berg-Ulme, S. 126

Feld-Ulme, S. 126

Flatter-Ulme, S. 128

Gewöhnliche Esche, S. 70

Winter-Linde, S. 78   **Sommer-Linde,** S. 78

Früchte

Hainbuche, S. 110   **Gewöhnliche Waldrebe,** S. 66

Früchte

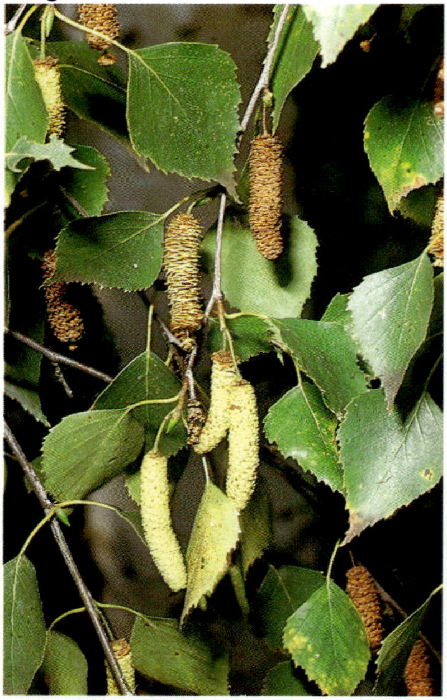

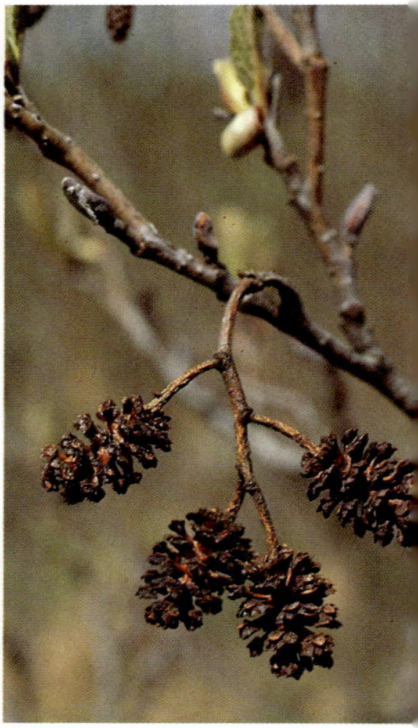

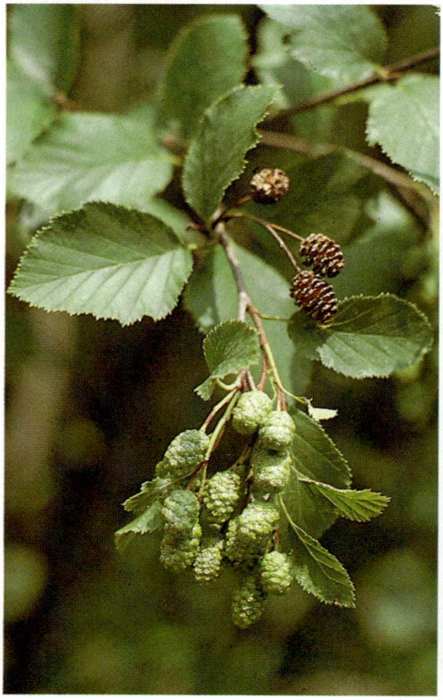

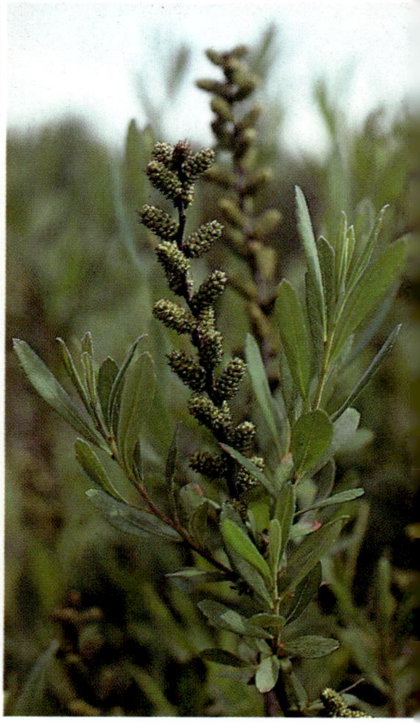

Roter Hartriegel, S. 50   **Purgier-Kreuzdorn,** S. 58

Früchte

Trauben-Kirsche, S. 92   **Faulbaum,** S. 72

Gewöhnlicher Liguster, S. 48

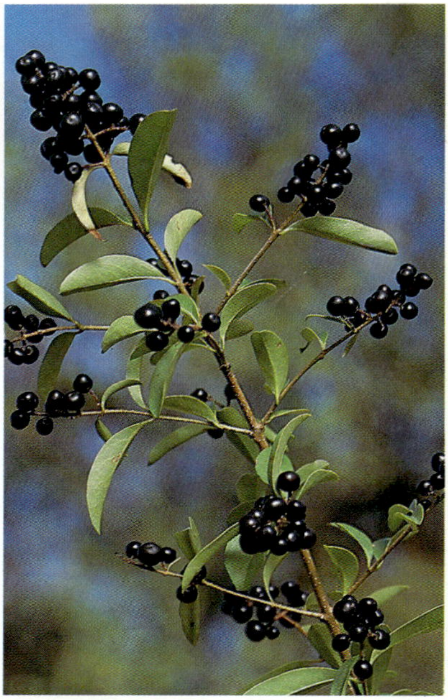

Schwarzer Holunder, S. 64

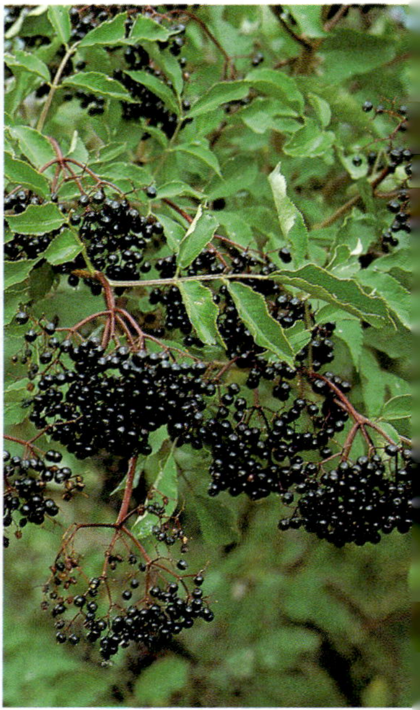

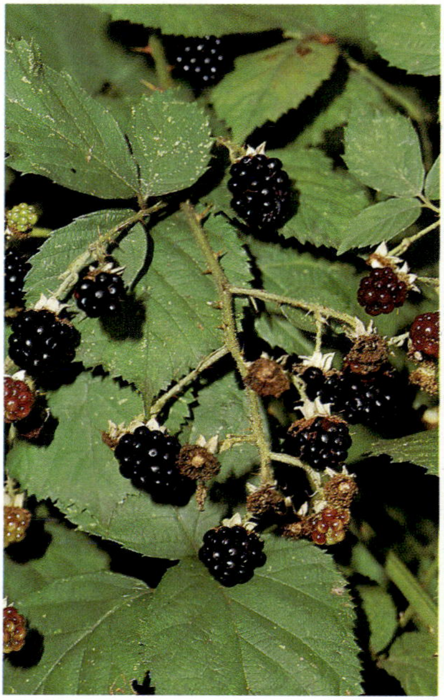

Brombeere, S. 136

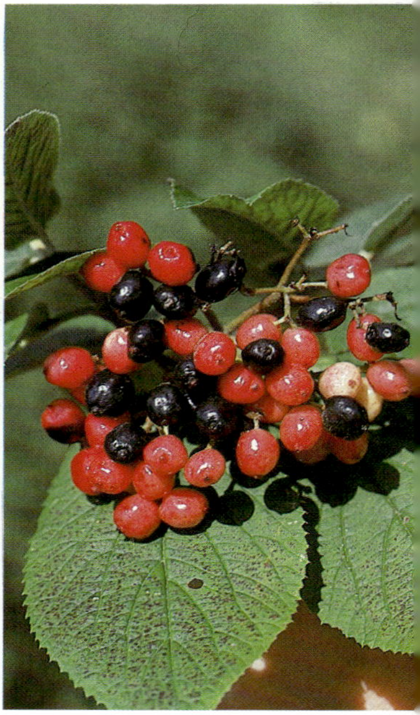

Wolliger Schneeball, S. 56

Schlehe, S. 96

Früchte

Gewöhnliche Felsenbirne, S. 84   **Kratzbeere,** S. 136

Gewöhnlicher Efeu, S. 100   **Gewöhnlicher Wacholder,** S. 44

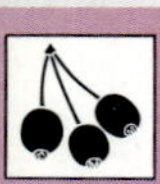

Früchte

Holz-Apfelbaum, S. 86

Wilder Birnbaum, S. 86

Mispel, S. 74

Speierling, S. 130

Elsbeere, S. 88

Stachelbeere, S. 98

Sanddorn, S. 76

Früchte

Gew. Zwergmispel, S. 72

Mehlbeere, S. 90

Gew. Pfaffenhütchen, S. 46

Gewöhnliche Berberitze, S. 82

Früchte

Vogel-Kirsche, S. 94

Kornelkirsche, S. 50

Gewöhnlicher Seidelbast, S. 74

Eingriffeliger Weißdorn, S. 88

Alpen-Heckenkirsche, S. 52   **Rote Heckenkirsche,** S. 52

Früchte

Wald-Geißblatt, S. 54   **Alpen-Johannisbeere,** S. 98

Früchte

Trauben-Holunder, S. 64

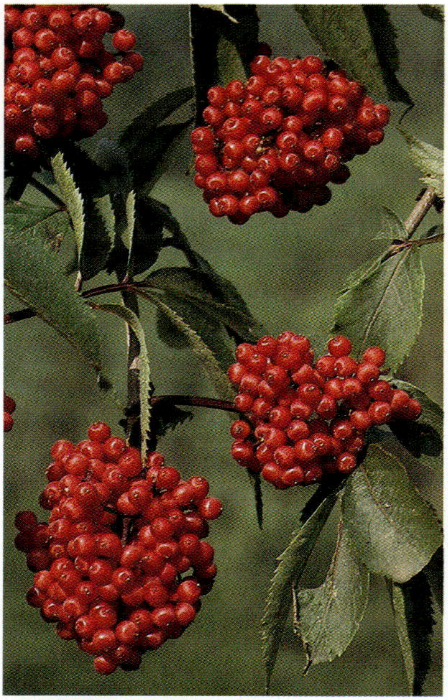

Gewöhnlicher Schneeball, S. 56

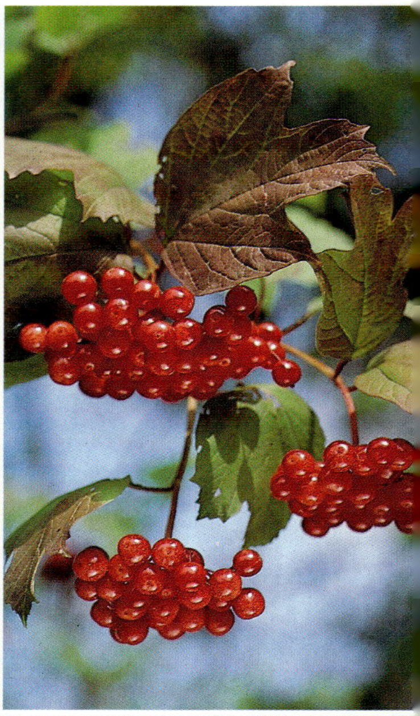

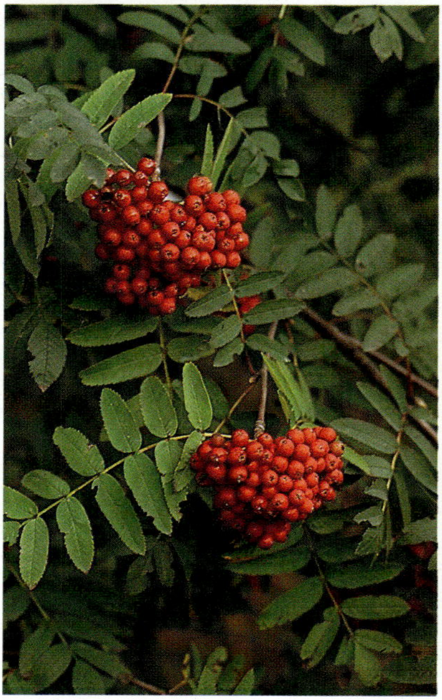

Eberesche, S. 130

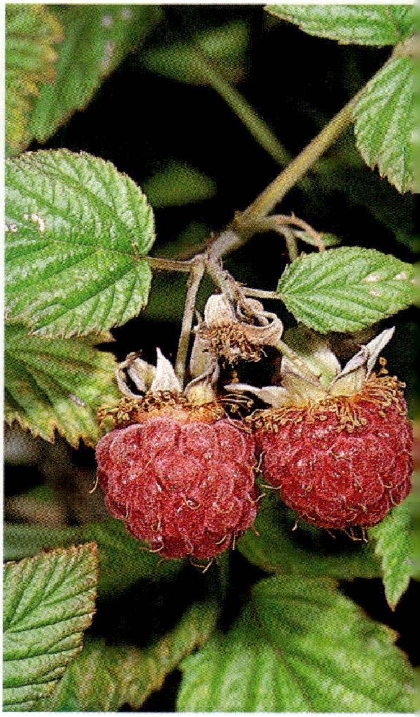

Himbeere, S. 134

Feld-Rose, S. 134 **Hunds-Rose,** S. 132

Früchte

Stechpalme, S. 80 **Gewöhnliche Eibe,** S. 42

Knospen

Gewöhnlicher Schneeball, S.56

Gewöhnliche Roßkastanie, S.68

Berg-Ahorn, S.60   **Spitz-Ahorn,** S.62

Knospen

Gewöhnliche Esche, S.70   **Feld-Ahorn,** S.62

Roter Hartriegel, S. 50

Kornelkirsche, S. 50

Wolliger Schneeball, S. 56

Rote Heckenkirsche, S. 52

Robinie, S. 138   **Gewöhnliche Berberitze,** S. 82

Eingriffeliger Weißdorn, S. 88   **Brombeere,** S. 136

Knospen

Sanddorn, S. 76

Stiel-Eiche, S. 106

Vogel-Kirsche, S. 94

Zitter-Pappel, S. 122

Echter Walnußbaum, S. 142   **Winter-Linde,** S. 78

Knospen

Eßkastanie, S. 104 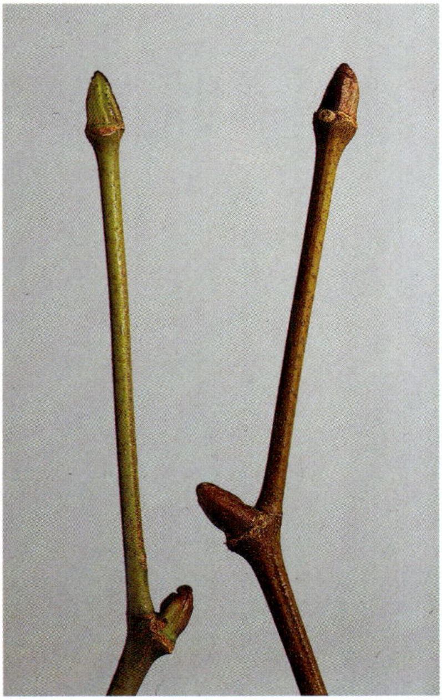   **Ahornblättrige Platane,** S. 102

Berg-Ulme, S. 126   **Feld-Ulme,** S. 126

Knospen

Hainbuche, S. 110    **Gewöhnliche Buche,** S. 108

Sal-Weide, S. 120

Wilder Birnbaum, S. 86

Knospen

Eberesche, S. 130

Holz-Apfelbaum, S. 86

175

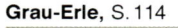

Knospen

Gagelstrauch, ♀, S. 118

Grau-Erle, S. 114

Hänge-Birke, S. 112

Gewöhnliche Hasel, S. 116

176

Gagelstrauch, ♂, S. 118   **Grau-Erle,** ♂ und ♀ (oben), S. 114

Knospen

Moor-Birke, ♂, S. 112   **Gewöhnliche Hasel,** ♂, S. 116

Weiß-Tanne, S. 30

Gewöhnliche Fichte, S. 34

Europäische Lärche, S. 32

Douglasie, S. 34

Gewöhnliche Eibe, S. 42   **Schwarz-Kiefer,** S. 38

Rinden, Borken

Wald-Kiefer, links junger, rechts alter Stamm, S. 36

Silber-Weide, S. 118

Silber-Pappel, S. 122

Schwarz-Pappel, S. 124

Zitter-Pappel, S. 122

Schwarz-Erle, S. 116   **Grau-Erle,** S. 114

Rinden, Borken

Hänge-Birke, S. 112   **Moor-Birke,** S. 112

Rinden,
Borken

Echter Walnußbaum, S. 142

Hainbuche, S. 110

Gewöhnliche Buche, S. 108

Eßkastanie, S. 104

Flatter-Ulme, S. 128　　**Berg-Ulme,** S. 126

Stiel-Eiche, S. 106　　**Ahornblättrige Platane,** S. 102

Rinden,
Borken

Speierling, S. 130

Eberesche, S. 130

Vogel-Kirsche, S. 94

Robinie, S. 138

Spitz-Ahorn, S. 62

Berg-Ahorn, S. 60

Gewöhnliche Roßkastanie, S. 68

Sommer-Linde, S. 78

Gewöhnliche Esche, S. 70

Schwarzer Holunder, S. 64

Weiterführende Literatur

Fitschen, J.: Gehölzflora. 8. Aufl. 1987. Quelle & Meyer Verlag, Heidelberg, Wiesbaden.

Frohne, D. & H. J. Pfänder: Giftpflanzen. 3. Aufl. 1987. Wiss. Verlagsgesellschaft, Stuttgart.

Godet, J.-D.: Blüten einheimischer und wichtiger fremdländischer Baum- und Straucharten. 1984. Verlag J. Neumann-Neudamm, Melsungen.

Godet, J.-D.: Knospen und Zweige der einheimischen Baum- und Straucharten. 1983. Verlag J. Neumann-Neudamm, Melsungen.

Godet, J.-D.: Bäume und Sträucher. Einheimische und eingeführte Baum- und Straucharten. 1987. Verlag J. Neumann-Neudamm, Melsungen.

Hecker, U.: Laubgehölze. Spektrum der Natur. 1985. BLV Verlagsgesellschaft, München, Wien, Zürich.

Hecker, U.: Nadelgehölze. Spektrum der Natur. 1985. BLV Verlagsgesellschaft, München, Wien Zürich.

Hegi, G.: Illustrierte Flora von Mitteleuropa. 7 Bände. 1.-3. Aufl. 1906-1988. Verlag Paul Parey, Berlin, Hamburg.

Korneck, D. & H. Sukopp: Rote Liste der in der Bundesrepublik Deutschland ausgestorbenen, verschollenen und gefährdeten Farn- und Blütenpflanzen und ihre Auswertung für den Arten- und Biotopschutz. 1988. Schriftenreihe für Vegetationskunde. Heft 19. Bonn-Bad Godesberg.

Mitchell, A.: Die Wald- und Parkbäume Europas. 1975. Verlag Paul Parey, Hamburg, Berlin.

Oberdorfer, E.: Pflanzensoziologische Exkursionsflora. 5. Aufl. 1983. Verlag Eugen Ulmer, Stuttgart.

Rothmaler, W.: Exkursionsflora für die Gebiete der DDR und der BRD. Band 4. Kritischer Band. 6. Aufl. 1986. Volk und Wissen Volkseigener Verlag, Berlin.

Schmeil-Fitschen: Flora von Deutschland. 87. Aufl. 1982. Quelle & Meyer Verlag, Heidelberg.

Tutin, T. G. & V. H. Heywood u. a. (Hrsg.): Flora Europaea. 5 Bände. 1964-1980. Cambridge University Press, Cambridge, London, New York, Melbourne.

Glossar

adstringierend Zusammenziehend; durch besondere Inhaltsstoffe, z. B. Gerbsäure.

Areal Wohn- bzw. Verbreitungsgebiet einer Pflanzensippe (s. S. 26).

bewimpert Blattrand mit feinen, spreizenden Haaren bekleidet.

extraflorale Nektarien Nektardrüsen außerhalb einer Blüte, meist am Grunde einer Blattspreite oder am Blattstiel.

fachspaltig Öffnung einer Kapselfrucht im Bereich der Fruchtfächer.

Fruchtbecher Becherartige Hülle, die eine Frucht oder mehrere Früchte bis zur Reife umgibt. Sie kann aus Hochblättern oder aus der Sproßachse gebildet sein.

Gallen Durch Tiere (Fliegen, Läuse, Mücken, Wespen oder Milben) an Blättern, Sprossen, Blüten oder Blütenständen hervorgerufene Wucherungen ganz bestimmter Form, in denen Tiere ihre Individual- bzw. Larvalentwicklung durchlaufen.

Hochblatt Blatt im Blütenstandsbereich.

Hochwald Sich aus Sämlingen entwickelnder, geschlossener und großflächiger Baumbestand, in dem die jeweiligen Gehölzarten zur vollen Größe auswachsen können (Gegenteil s. unter Niederwald).

Kätzchen Meist hängender, ähriger Blütenstand, bei dem in der Achsel von Tragblättern perianthlose Blüten in 1- oder 3-Zahl stehen.

langschäftig Meist im dichten Bestand sich bildende, astfreie Stammabschnitte. Die Seitenäste sterben aus Lichtmangel ab.

Monokultur Eine aus nur einer Pflanzen- bzw. Gehölzart gebildete, vom Menschen angelegte Kultur.

Mycorrhiza Symbiose zwischen Pilzen und den Wurzeln von Blütenpflanzen (s. S. 16).

Nagelung Kronblätter am Grunde stielartig verschmälert.

Niederwald Sich aus Stockausschlägen bildender Wald, bei dem alle 15–40 Jahre die Stämme am Grunde abgeschlagen und zur Brennholz-, Rebpfahl- und Gerbstoffgewinnung genutzt werden.

Panaschierung Trotz normaler Belichtung an Blättern auftretende chorophyllfreie Zonen, die zu einer Fleckung, Streifung oder Bänderung eines Blattes führen.

Perianth Blütenhülle.

Pioniergehölz Sich auf freien Flächen entwickelnde, lichtbedürftige, schnellwüchsige und meist auch nur kurzlebige Gehölze, die später von Bäumen einer Waldgesellschaft verdrängt werden.

Plenterwirtschaft Waldnutzungsform bei der aus einem Bestand jeweils nur einzelne große Bäume geschlagen werden. Die Verjüngung verläuft ohne Eingriff des Menschen.

Saftmal Farbmarkierung an Blütenblättern; häufig nicht im Zusammenhang mit Nektarien stehend.

Schildhaar, Schülferhaar Flächig ausgebildete, der Sproßachse bzw. dem Blatt meist dicht aufliegende Haare.

Schuppenblatt Kleine, den Sprossen aufliegende und z. T. mit ihnen verwachsene Blätter.

Sproßberindung Durch an der Sproßachse herablaufende Blattbasen sich bildende Gewebeschicht, die die eigentliche Rinde völlig umhüllt.

Tragblatt Blatt aus dessen Achsel ein Seitensproß oder eine Blüte entspringt.

Umtriebszeit Zeitraum zwischen der Pflanzung und dem Fällen einer Nutzholzart.

Register

Die 1. Seitenzahl verweist stets auf die Hauptbeschreibung, folgende Seitenzahlen beziehen sich auf Abbildungen in den Sonderteilen.

Wissenschaftliche Pflanzennamen

Weiterführende Literatur zum Thema

BLV Intensivführer – Spektrum der Natur
Ulrich Hecker

Laubgehölze

Wildwachsende Bäume, Sträucher und Zwerggehölze: Ausführliche
Artenbeschreibungen, Biologie der Arten, Bedeutung für den
Menschen, technische Nutzung.
319 Seiten, 268 Farbfotos, 283 farbige und 90 s/w-Zeichnungen

BLV Intensivführer – Spektrum der Natur
Ulrich Hecker

Nadelgehölze

Wildwachsende und häufig angepflanzte Arten: ausführliche Artenbeschreibungen, Biologie der Arten, Bedeutung für den Menschen.
159 Seiten, 130 Farbfotos, 120 farbige und 14 s/w-Zeichnungen, 4 Karten

BLV Bestimmungsbuch mit Schnellbestimm-System
Dankwart Seidel/Wilhelm Eisenreich

Blütenpflanzen

440 heimische Pflanzenarten – einschließlich Gräsern und Gehölzen –
mit Angaben über Kennzeichen, Blütezeit, Standort, Verbreitung, Verwendung, Gefährdung und mit dem praktischen Schnellbestimm-System.
3. Auflage, 288 Seiten, 442 Farbfotos

BLV Naturführer 809
Eckart Pott

Wald und Forst

Ein Biotopführer durch die Pflanzen- und Tierarten der heimischen
Wälder: Merkmale, Vorkommen, Ökologie.
4., völlig neubearbeitete Auflage (Neuausgabe), 127 Seiten, 165 Farbfotos, 2 farbige und 116 s/w-Zeichnungen.

In unserem Verlagsprogramm finden Sie Bücher zu folgenden
Sachgebieten:
**Garten und Zimmerpflanzen · Natur · Angeln, Jagd, Waffen ·
Pferde und Reiten · Sport und Fitness · Wandern und Alpinismus ·
Auto und Motorrad · Essen und Trinken · Gesundheit ·**
Wünschen Sie Informationen, so schreiben Sie bitte an:
BLV Verlagsgesellschaft, Postfach 40 03 20, 8000 München 40

BLV Verlagsgesellschaft München